1990

LECTURAS BÁSICAS:
A Cultural Reader

SECOND EDITION

LECTURAS BÁSICAS:
A Cultural Reader

SECOND EDITION

Helen C. Agüera

Modesto M. Díaz
California State University, Fullerton

HOLT, RINEHART and WINSTON

New York   Chicago   San Francisco   Atlanta
Dallas   Montreal   Toronto   London   Sydney

ILLUSTRATION CREDITS

Library of Congress Cataloging in Publication Data

Agüera, Helen C.
  Lecturas básicas, a cultural reader.

  Based on Lecturas básicas, a cultural reader,
by M. M. Díaz.
  1. Spanish language—Readers—Civilization,
Hispanic. 2. Civilization, Hispanic—Addresses,
essays, lectures. I. Díaz, Modesto M., 1937–
Lecturas básicas. II. Title.
PC4127.C5A38 1980   468.6'421   80-23263

ISBN 0-03-058109-5

CONTENTS

PREFACE

The ten original essays that comprise the Second Edition of *Lecturas Bási-cas: A Cultural Reader* are designed to give students an overview of the Spanish-speaking world. The text is intended to be used by those students who have completed one semester of college Spanish or one year of high school Spanish. Although it is part of the complete introductory program that accompanies Holt's *¿Habla Español? Second Edition, Lecturas Básicas: A Cultural Reader* may be used in conjunction with any basic grammar book. The author has intentionally limited the complexity of the gram-matical structures and the length of the vocabulary so that the student may begin to understand and enjoy not only the language but the culture of the Hispanic people. At the end of each chapter there are a series of exercises to test the students' comprehension and to encourage the prac-tice of oral and written skills.

In this Second Edition, several chapters have been rewritten and all cultural information has been updated. In addition, all exercises are com-pletely new.

Although this book is only an elementary approach to the study of the way Hispanic people think and act, the author has made every effort to point out those traits and characteristics that are most important and out-standing. The author hopes that students will be encouraged to pursue the study of the Spanish-speaking world further.

LECTURAS BÁSICAS:
A Cultural Reader

SECOND EDITION

CAPÍTULO 1

Diversidad y unidad en el mundo hispánico

Por desgracia, cuando pensamos en la gente de un *país extranjero lo primero que se nos ocurre* es la imagen que nos presentan los modernos medios de comunicación. Muchas veces, cuando *alguien* de los Estados Unidos imagina a una persona hispana, piensa en un *amante* latino, en un bandido de grandes *bigotes* o en una señorita vestida de flamenco bailando con una flor en la boca. Pero todas estas imágenes, basadas en generalizaciones y estereotipos, no representan la verdadera *forma de ser* hispánica.

Hoy en día, sin embargo, gracias a los estudios sociales, especialmente a los de la antropología cultural, podemos obtener una imagen más exacta de las personas de otras naciones. *Además,* al mismo tiempo que los estadounidenses *se dan cuenta* del *papel* relativo y cambiante de su nación en el mundo, hay un nuevo interés en la cultura de otros países. *Jóvenes y mayores* leen, viajan y entran en contacto con formas de vivir que antes ignoraban. *Ya no* aceptan aquellas imágenes estereotipadas de otras culturas y, por lo tanto, saben apreciar mucho mejor la cultura de aquellas personas de origen extranjero que viven en los Estados Unidos, o de aquellos ciudadanos que mantienen, o tratan de mantener, las tradiciones culturales de sus antepasados.

Según las últimas estadísticas de la Oficina del Censo viven en los Estados Unidos unos trece millones de hispanos, sin incluir a los *extranjeros in-*

	unfortunately
	foreign country / the first thing that comes to mind
	someone
	lover
	moustache
	way of being
	nowadays / nevertheless
	besides
	realize
	role
	Young and old (people)
	no longer
	illegal aliens

2

documentados. La población hispana está concentrada principalmente en los estados del suroeste, sobre todo en Texas y en California, en el estado de Nueva York y en la Florida. En la ciudad de Los Ángeles vive más de un millón de personas de origen mexicano (sólo la capital de México y la ciudad de Guadalajara exceden esta *cifra*). Habitan más puertorriqueños en la ciudad de Nueva York que en San Juan, la capital de Puerto Rico. Un cuarenta por ciento de los habitantes de Miami son de origen cubano. Además, la población hispana está aumentando en otros estados; en Illinois, por ejemplo, hay más hispanos que en Colorado, Nuevo México o Arizona.

Ahora podemos preguntarnos: ¿qué tiene en común toda esa gente con el resto de los doscientos cuarenta y tres millones de personas de habla española? ¿Existe una forma de ser que identifica a todos como *miembros* de un grupo humano?

Todos sabemos que es *peligroso* hacer generalizaciones, especialmente si hablamos de un grupo tan diverso como es el de personas de origen hispano. Las diferencias que existen entre los países hispanos son resultado de factores tales como la aculturación de varias razas y diversas culturas, el clima, la geografía y la historia de cada país. No obstante, entre los hispanos existe una personalidad cultural que los *hermana* y los distingue de individuos procedentes de otros grupos étnicos. Hay una serie de características comunes que se pueden apreciar en la historia de España y de Hispanoamérica, y también en el modo de ser de la gente de origen hispano.

En Hispanoamérica son muchos los factores que, *a pesar de* la influencia india y negra, determinan una dirección psicológica de fuertes tonos hispánicos. Entre otros, tenemos los siguientes factores decisivos: la imposición a los indígenas de un modo de ver las cosas, la presencia de una iglesia poderosa y dominante, el tremendo abismo social entre las clases, la arrogancia aristocrática de *los de arriba* y la sumisión apática de *los de abajo*, y también la lenta revolución industrial.

En el *próximo* capítulo vamos a ver cuáles son las características fundamentales de este *modo de ser*.

---

figure

member
dangerous

joins, unites

in spite of

of those above
of those below

next
way of being

Ejercicios

A. Match each word with its opposite.

_____ 1. jóvenes   a. común
_____ 2. arriba   b. abajo
_____ 3. diferente   c. ignorar
_____ 4. saber   d. mayores

B. Complete the following sentences with the appropriate phrase.

1. La imagen del amante latino es un
   a. país extranjero.
   b. medio de comunicación.
   c. estereotipo.
2. Hoy día podemos obtener una imagen más exacta de otras culturas gracias a
   a. los estudios sociales.
   b. un bandido de grandes bigotes.
   c. el papel relativo y cambiante.
3. Ahora los estadounidenses aprecian mucho mejor
   a. una señorita vestida de flamenco.
   b. la cultura de las personas de origen extranjero.
   c. las imágenes estereotipadas de otras culturas.
4. Las estadísticas de la Oficina del Censo no incluyen a
   a. los cubanos.
   b. las personas de origen mexicano.
   c. los extranjeros indocumentados.
5. En la ciudad de Los Ángeles viven más
   a. de trece millones de hispanos.
   b. de un millón de mexicanos.
   c. puertorriqueños que en San Juan.
6. El cuarenta por ciento de los habitantes de Miami son de origen
   a. puertorriqueño.
   b. cubano.
   c. mexicano.
7. Habitan más puertorriqueños en Nueva York que en
   a. Guadalajara.
   b. San Juan.
   c. la capital de México.
8. A pesar de ser un grupo muy diverso los hispanos tienen en común
   a. la geografía.
   b. una raza.
   c. una personalidad cultural.
9. La diversidad de los países hispanos se debe en parte a
   a. la presencia de una iglesia poderosa y dominante.

b. el abismo social entre las clases.

c. la aculturación de varias razas y diversas culturas.

10. Uno de los factores que determinan una dirección psicológica de fuertes tonos hispánicos en Hispanoamérica es

a. el clima.

b. la imposición a los indígenas de un modo de ver las cosas.

c. la influencia india y negra.

C. Answer the following questions in Spanish.

1. ¿En qué culturas tiene interés Ud.?

2. ¿Cree Ud. que hoy día hay más o menos interés en la cultura de otros países?

3. ¿Cree Ud. que los estadounidenses aprecian mejor la cultura de las personas de origen extranjero?

4. ¿De dónde son sus antepasados?

5. ¿Trata Ud. de mantener la cultura de sus antepasados? ¿Cómo?

6. ¿Conoce Ud. a personas que mantienen las tradiciones culturales de sus antepasados?

7. ¿Dónde está concentrada la población hispana de los Estados Unidos?

8. ¿Cuántas personas de origen hispano viven en su ciudad? ¿en su estado?

9. Además de la influencia hispana, ¿qué otras influencias observamos en Hispanoamérica?

10. ¿Por qué es el grupo de personas de origen hispano tan diverso?

D. Write a complete sentence with the following phrases.

1. A pesar de _____.

2. Hoy en día _____.

3. Mis antepasados _____.

4. Por desgracia _____.

5. Es peligroso _____.

CAPÍTULO 2

Individualismo hispánico

Probablemente una de las características más importantes del hispano es su individualidad. Para entender a un hispano primero debemos entender y respetar su individualismo. De esta característica fundamental derivan otros aspectos personales y sociales que apreciamos *solamente* después de comprender ese individualismo.

(sólo) only

Hay muchos estudios sobre este tema. Algunos historiadores creen que esta *peculiar* característica hispánica es tan antigua como *la historia misma de España*; que forma parte del temperamento *innato* de los primeros habitantes hispánicos. En todo caso, no hay duda que el individualismo hispánico debe mucho a la presencia del catolicismo en la cultura española. Desde tiempos remotos las doctrinas de la Iglesia *promulgan* la idea de que el alma de una persona es imagen idéntica del Ser Supremo. *Así*, ante Dios, el humilde *campesino vale tanto como* el hombre más poderoso. En una obra teatral del siglo XVII, *El alcalde de Zalamea*, el famoso *dramaturgo* Calderón de la Barca escribe:

distinctive
the history of Spain itself
innate, unborn

proclaim, promulgate
thus, so
peasant is worth as much as
dramatist

> *Al rey, la hacienda y la vida*
> *se han de dar, mas el honor*
> *es patrimonio del alma,*
> *y el alma sólo es de Dios.*

To the king, one has to give his estate and his life. But honor is part of the soul and the soul belongs to God.

Esta idea de la igualdad espiritual de los seres humanos no significa que todo hombre por ser miembro de la sociedad tiene derechos individuales que la ley protege; significa que toda persona es un in-

7

dividuo con su propia identidad y que su dignidad es innata.

El individualismo español llega al Nuevo Mundo con los primeros colonizadores y pasa a formar parte de la personalidad hispana. *Tanto en la Península como* en el Nuevo Mundo observamos una tendencia a valorar más a aquellas entidades sociales que están más próximas al individuo, y a despreciar aquellas que son impersonales y colectivas, sobre todo el Estado. *Por ello*, los hispanos *experimentan* gran dificultad en unirse a cualquier grupo o en sacrificar sus deseos a las demandas de las masas. Las exigencias parlamentarias y disciplinarias de un comité o de una junta oprimen al hispano con las limitaciones que ponen a su expresión individual y personal.

Si aceptamos algunas simplificaciones podemos, igualmente, explicar los *fracasos democráticos* por *la falta del sentido* asociativo en culturas como la hispana. La sumisión colectiva a un partido electo requiere del hispano una parte de su ser que él *no está dispuesto a ceder. En lugar de aceptar* la voluntad del grupo, el hispano generalmente trata de imponerle sus ideas personales y subjetivas. Muchas veces el *éxito* de un gobierno o de un partido depende de las cualidades personales del presidente o del jefe. *Cuanto más* energía, virilidad, magnetismo y buena apariencia tiene el jefe político, *más* apoyo y confianza recibe. Claro está que el dominio de las consideraciones personales en la política es propicio a la dictadura y al caciquismo.

En muchos casos el hispano cree que su voto no tiene mucha importancia y que los resultados de una elección se determinan de *antemano*. Esto explica su apatía política. Si manifiesta alguna esperanza y vota, *poco tiempo* después un *golpe de estado* o un pronunciamiento militar destruye su precaria ilusión.

En el capítulo que sigue pasaremos a considerar otras características del individualismo hispánico.

Marginal glosses:
- in the Peninsula as well as
- For that reason / experience
- failures of democracy
- lack of solidarity
- is not willing to give up / instead of accepting
- success
- the more . . .
- the more
- beforehand
- a short time after / coup d'état

Ejercicios

A.   Complete the following sentences with the appropriate phrase.

1. Para entender a un hispano debemos respetar
   a. muchos estudios.
   b. los primeros habitantes.
   c. su individualismo.

2. Algunos historiadores creen que el individualismo hispano es tan antiguo como
   a. el catolicismo.
   b. la historia misma de España.
   c. el teatro del siglo XVII.
3. El individualismo hispano debe mucho a
   a. esta peculiar característica.
   b. Calderón de la Barca.
   c. la presencia del catolicismo.
4. Según las doctrinas de la Iglesia todos los hombres son
   a. iguales espiritualmente.
   b. campesinos.
   c. poderosos
5. Para el hispano la igualdad espiritual significa que todos los hombres
   a. tienen derechos individuales protegidos por la ley.
   b. son individuos con identidad propia.
   c. llegaron al Nuevo Mundo con los primeros colonizadores.
6. En los países hispanos se observa una tendencia a
   a. unirse a cualquier grupo.
   b. valorar las entidades sociales que están más próximas al individuo.
   c. sacrificar los deseos personales a las demandas de las masas.
7. Los fracasos democráticos en culturas como la hispana se deben en parte a
   a. la falta de sentido asociativo.
   b. el apoyo y la confianza que recibe el jefe político.
   c. la sumisión colectiva a un partido.
8. En lugar de aceptar la voluntad del grupo, el hispano
   a. está dispuesto a ceder.
   b. acepta algunas simplificaciones.
   c. trata de imponer sus ideas personales y subjetivas.
9. Muchas veces el éxito de un gobierno hispano depende de
   a. las cualidades personales del presidente o jefe.
   b. las exigencias parlamentarias y disciplinarias de un comité.
   c. aceptar la voluntad del grupo.
10. Se explica la apatía política del hispano porque
    a. siempre manifiesta su esperanza.
    b. su voto tiene mucha importancia.
    c. cree que los resultados de una elección se determinan de antemano.

B.   Match each word with its opposite.

_____ 1. de antemano   a. colectivo
_____ 2. humilde   b. después

_____ 3. individual   c. independencia
_____ 4. sumisión   d. éxito
_____ 5. fracaso   e. poderoso

C. Write a complete sentence with the following phrases.

1. Es tan _____ como _____.
2. Cuanto más _____, más _____.
3. Tanto en _____, como _____.
4. En lugar de _____.
5. Poco tiempo después _____.

D. Answer the following questions in Spanish.

1. ¿Qué diferencia hay entre el concepto de individualismo del hispano y el del norteamericano?
2. En la política, ¿tratan los norteamericanos de imponer sus ideas personales o aceptan la voluntad colectiva?
3. ¿De qué depende el éxito de un gobierno en los Estados Unidos?
4. ¿Existe apatía política en los Estados Unidos?
5. Compare la actitud del hispano hacia el Estado con la del norteamericano.

CAPÍTULO 3

Otras características hispánicas

La entidad social más cercana al individuo es la familia y por ello tiene mucha importancia para los hispanos. El concepto de familia que tiene el hispano es muy diferente del estadounidense. La familia hispana no se limita a los hijos y a los padres, sino que se extiende como una *red* a todos los *parientes*, aun los *familiares* lejanos como los *primos en segundo y tercer grado*, e incluye también los *parientes políticos* y los *compadres*. Por ello, *es corriente* que *junto* a los padres e hijos vivan otros familiares, especialmente los abuelos. Así, en un solo hogar conviven a veces hasta tres generaciones.

net / relatives
relatives / second and third cousins
in-laws
godparents / it's common, usual / near, next to

Este concepto de familia que permite la interacción de varias generaciones contribuye a crear en el individuo una conciencia de su tradición de pertenecer a un grupo con el que puede contar siempre. El hispano obtiene así un gran sentido de seguridad, aunque tiende a veces a depender *demasiado* de la familia.

too much

En la familia el padre generalmente ocupa el lugar preponderante en cuanto al gobierno y las decisiones. Muchas veces, sin embargo, la mujer tiene control directo o indirecto de las labores domésticas y de las decisiones últimas de la casa, y es ella generalmente la que administra el *presupuesto* familiar.

budget

En la educación de los niños se nota la tendencia, por una parte, a ser muy rígidos, sobre todo en lo que se refiere al respeto a los mayores; y por otra parte, a mimarlos demasiado. Esta debilidad se justifica por la creencia hispana de que la vida ya nos hace viejos con el tiempo. Por esta razón no se les exige a los niños aprender las reglas ni tener las responsabilidades que en otras sociedades conocen y practican cuando son más pequeños. Los niños hispanos participan en un gran número de actividades sociales junto a los adultos. Asisten a toda clase de celebraciones: *bodas*, cenas, *bautizos*, etc.

weddings /
christenings

Los lazos familiares se extienden también a la política y al comercio. Los funcionarios públicos consideran una *obligación* primordial el favorecer a sus familiares. Igualmente, en el comercio un empresario prefiere emplear a miembros de su familia, *asegurándose así la lealtad* de sus empleados.

duty

thus insuring
the loyalty

Si el hispano ve a su familia como una prolongación de su ser, sus amigos constituyen una prolongación de su familia. El respeto mutuo y la unión espiritual que existen entre él, su familia y sus amigos *perduran* toda la vida *por encima de* cuestiones legales, normas éticas o convicciones políticas. *Alguien ha dicho* que la *amistad* —o *compadraje*, como se le llama en varios países hispanos— es el alimento del alma y que sin ella el hispano no podría serlo.

remain / over

someone has said /
friendship /
relationship
between a child's
parents and the
godfather;
friendship

Otro elemento importante del carácter hispano es la generosidad. La generosidad hacia la familia y hacia el amigo también *se extiende hacia* la persona desconocida o cualquier *persona necesitada*. Por ejemplo, casi siempre la gente—rica o pobre—de una ciudad o pueblo hispano hace lo imposible por *complacer* y ayudar a un extranjero, sin esperar nada *a cambio*. Esta generosidad *se duplica* si el extranjero es algún pariente o amigo. Es costumbre del hispano, y es parte de su forma de ser, complacer a los amigos y ayudarlos cuando necesitan ayuda. Estos favores son espontáneos y desinteresados. La satisfacción de complacer al amigo es la *mejor* retribución posible. La generosidad es mutua y el amigo que hoy da está seguro que mañana va a recibir y viceversa.

is extended to
needy person

to please
in exchange /
it is doubled

best

Sin embargo, esta generosidad casi no existe en el *mundo de los negocios*. El ser hispano *se rebela* contra *todo lo que* limita su individualismo. Por ejemplo, *no le gusta* la puntualidad porque constituye una limitación a su libertad personal.

business world / rebels
everything that
(he, she) doesn't like

Si en los Estados Unidos la eficacia y la prontitud

son fórmulas básicas para el éxito, en el mundo hispánico representan imposiciones. En las ciudades
esta actitud está cambiando. *Por otra parte,* en los   on the other hand
pueblos pequeños y en las zonas rurales *todavía* no   still, not yet
existen estos principios de productividad.

Otra característica importante del hispano es su
emotividad, su necesidad de expresarse emocional-
mente que a veces *puede ser interpretada* como arro-   can be interpreted
gancia. Muchos dicen que el hispano habla o actúa
y después piensa, es muy probable. Pero, *a la vez,*   at the same time
dice *lo que siente, sin esconder* sus verdaderos senti- what he (she) feels
mientos o emociones.   without hiding

Entre las características hispánicas más notables,
hay otras muy comunes: la religiosidad, el estoi-
cismo, el gusto por la belleza, *la afición a juegos de* inclination to games of
azar, la poca disposición al ahorro, el *apego* a las tra-   chance
diciones y al pasado y el interés en la conversación.   indisposition toward
                                                          savings / attachment
Estas características son, en general, comunes a
todos los hispanos pero *varían de grado* en los distin- they vary in degree
tos países de habla española.

Ejercicios

A. Complete the following sentences with the appropriate word from
    the list at the right.

1. La familia hispana se extiende como una   red
   _____.   complacer
2. Generalmente la mujer administra el   juegos de azar
   _____ familiar.   compadraje
3. Se nota la tendencia a _____ a los   arrogancia
   niños.   demasiado
4. A veces el hispano depende _____   presupuesto
   de su familia.   puntualidad
5. Otra característica hispana es la afición a   mimar
   los _____.   ahorro
6. La amistad o _____ es el alimento
   del alma.
7. La gente hace lo posible por _____
   al extranjero.
8. Para el hispano la _____ es una
   limitación a su libertad personal.
9. El hispano tiene poca disposición al
   _____.
10. A veces la emotividad hispana puede ser
    interpretada como _____.

B.   Answer the following questions in Spanish.

1. ¿Cómo se diferencia el concepto de familia del hispano del concepto del estadounidense?
2. ¿Cuántas personas forman su familia?
3. En su hogar, ¿conviven varias generaciones?
4. ¿Cree Ud. que los estadounidenses tienen conciencia de su tradición?
5. En su familia, ¿quién ocupa el lugar preponderante en el gobierno y decisiones de la casa?
6. ¿Quién administra el presupuesto familiar en su casa?
7. ¿Deben ser rígidos los padres con los niños?
8. ¿Es importante en una sociedad el respeto a los mayores?
9. ¿Cree Ud. que los niños deben tener responsabilidades desde muy pequeños?
10. ¿Participan los niños estadounidenses en las actividades sociales de los adultos?
11. En su opinión ¿es preferible emplear miembros de la familia en un negocio?
12. ¿Cree Ud. que en los Estados Unidos los amigos son tan importantes como en los países hispanos?
13. ¿Hace lo posible la gente de los Estados Unidos por complacer al extranjero?
14. ¿Es muy importante la puntualidad en el mundo de los negocios?
15. En su opinión, ¿cuáles son los aspectos positivos y negativos de la preponderancia del individualismo en la cultura hispana?

C.   Which of the following are characteristics of Hispanic cultures?

1. puntualidad
2. generosidad
3. emotividad
4. eficacia
5. religiosidad

D.   Write a complete sentence with the following phrases.

1. Es costumbre del hispano _____.
2. Por otra parte, _____.
3. _____ poca disposición a _____.
4. Las características más notables del norteamericano son
   _____.
5. _____ todo lo que _____.

CAPÍTULO 4

Presencia hispánica en los Estados Unidos

Las ideas que tenemos de las contribuciones que la cultura de un país recibe de otras se deben, en muchos casos, a la influencia de la televisión, la radio y el cine. Estoy segura que si alguien pregunta a un hispano *corriente* cuál es la contribución más importante de los Estados Unidos a su cultura, inmediatamente piensa en la Coca Cola. La presencia hispánica en los Estados Unidos es mucho más rica y perdurable que las imágenes que nos ofrecen los medios de comunicación populares.

common

Desde el momento en que los primeros hispanoparlantes llegan a esta tierra, pasan a integrar la historia de los Estados Unidos. En los siglos XVI, XVII y XVIII los españoles exploran y se establecen por todo el territorio sur de esta nación, desde California hasta la Florida. *La profunda huella* de la presencia hispánica durante esos siglos se nota en los *toponímicos* de la región; en nombres como Arizona (zona árida), California, Nuevo México, Texas, la Florida (de flores), Colorado (tierra roja), Montana (de montaña), El Paso, Santa Fe, San Francisco, San Diego, San José, Los Ángeles, Sierra Nevada, Río Grande, etc.

deep trace, influence
toponyms, names of places, cities, etc.

La influencia española también se manifiesta en la arquitectura. Todavía *están en pie* muchas de las misiones y de las *fortalezas* construidas por los españoles durante esos siglos; por ejemplo, las misiones de San Javier de Bac en Arizona, San Gabriel Arcángel en California y San José en Tejas, y el

are standing
fortresses

castillo de San Marcos en la Florida. Los españoles *edificaron* con la ayuda de los indígenas, quienes *añadían* elementos indios a la ornamentación de los edificios. Esta *mezcla* de elementos indios e hispanos distingue a la arquitectura hispana de la construcción anglosajona, que era más bien una prolongación de la europea.

En la agricultura, y especialmente en la ganadería de la región, los españoles también dejaron marcada huella. Introdujeron el ganado (caballos, vacas, ovejas y cerdos), que no se conocía en la región, y con la *crianza del ganado* dieron lugar a una nueva profesión: la del *vaquero*. Es un caso paradójico y *poco conocido* que la *ropa* y equipo que usó el cowboy (vaquero) en su conquista del oeste y que usa hoy día en sus labores del *campo* son adaptaciones de *prendas* de origen hispano: el pañuelo (scarf), la chaquetilla (vest), los pantalones de piel (chaps), el sombrero (hat), las espuelas (spurs), las botas (boots). La silla de montar (saddle) también tiene su origen en la cultura hispánica.

La presencia hispánica en los Estados Unidos no se limita, sin embargo, a los siglos de expansión española por todo el territorio al sur del Misisipí. Comprende también la historia y las contribuciones de los diversos grupos hispánicos que viven en este país, sobre todo de los méxico-americanos, los puertorriqueños y los cubanos.

Los puertorriqueños y muchos méxico-americanos tienen en común *el haberse convertido en ciudadanos estadounidenses a consecuencia de una guerra:* los mexicanos, *a partir de* la guerra entre México y los Estados Unidos que terminó en 1848, y los puertorriqueños, *al finalizar* la guerra hispanoamericana en 1898. La gran mayoría de los cubanos, sin embargo, llegó a este país en calidad de exiliados políticos después de la revolución cubana dirigida por Fidel Castro. Estas diferentes condiciones históricas le han dado carácter especial a cada uno de estos grupos.

Los mexicanos, que *llevaban siglos viviendo* en el suroeste de los Estados Unidos, se sintieron *de repente* extranjeros en su propia patria, *despojados* de sus tierras que eran la base de su sistema socioeconómico y convertidos en minoría. No obstante, *mantuvieron* lazos culturales con México y lucharon por sus derechos civiles, a veces *recurriendo a la fuerza*.

Glosses (margin):

constructed
would add
mixture

cattle raising
cowboy / little
  known / clothing
open country, field
garments

becoming American
  citizens as a result of
  a war
right after

at the end of

had been living for
  centuries
suddenly
deprived

kept

resorting to violence.

A este grupo de mexicanos se han ido uniendo aquellos que cruzan la frontera constantemente, en muchos casos sin documentación legal, *en busca de* oportunidades de empleo. — looking for

Los méxico-americanos *enfrentan* un problema central: el de su identidad. O se asimilan a la cultura angloamericana, *rechazando* su origen, o preservan la lengua y las tradiciones hispanas. La literatura chicana, escrita tanto en inglés como en español, o en mezcla de ambas lenguas, expresa precisamente el *temor* a la asimilación y *la esperanza* de la *supervivencia* de los valores hispanos en una nueva cultura, la chicana, *relacionada* con la mexicana pero diferente a ella. — face / rejecting / fear / hope / survival / related

Los puertorriqueños por ser ciudadanos estadounidenses tienen perfecta libertad para ir y venir de la isla de Puerto Rico a los Estados Unidos. El éxodo a los Estados Unidos, especialmente a Nueva York, se debe a *la falta* de oportunidades económicas de la isla. — lack

Culturalmente los puertorriqueños son hispanoamericanos, a pesar de la *marcada influencia* norteamericana en la isla. *Al trasladarse* a los Estados Unidos los *boricuas*, convertidos ahora en minoría, cobran conciencia de la necesidad de reafirmar sus raíces hispanas para no sufrir la asimilación total a la cultura estadounidense. Así, tratan de incorporar su herencia en nuevas formas de música, baile y literatura. No obstante, las experiencias del boricua en los Estados Unidos *han ido distinguiéndolo* del puertorriqueño de la isla. Muchas veces, al regresar a la isla, *no se le considera puertorriqueño del todo*. — strong influence / when they move / Puerto Ricans, name derived from Borikén, Indian name of the island / have been distinguishing him / is not fully regarded as a Puerto Rican

La historia cubano-americana ha sido muy diferente. Primero porque los cubanos llegaron a los Estados Unidos en calidad de exiliados políticos y fueron *acogidos* por los norteamericanos por ser refugiados del comunismo. Segundo, porque gran parte de los exiliados *pertenecía* a la clase media (muchos de ellos eran profesionales), y tenía por tanto más *recursos* para adaptarse al *nuevo medio*. Hoy día los cubanos por su iniciativa y *esfuerzo* constituyen el grupo hispano de más alto nivel económico y de mayor educación. Por otra parte, a diferencia de los méxico-americanos y de los puertorriqueños quienes siempre pueden *regresar* a su patria, — welcomed / belonged / resources / new environment / effort / return

los cubanos se han dado cuenta de que seguramente
no podrán reestablecerse en Cuba y han hecho de los
Estados Unidos, especialmente de Miami y las *zonas*   surrounding areas
limítrofes, su nueva patria. Para ellos uno de los problemas centrales es el de las relaciones políticas de los
Estados Unidos con Cuba. Las opiniones *a favor y*   for and against
en contra de restablecer relaciones diplomáticas entre
ambas naciones están muy divididas.

Todos estos grupos tienen en común la preocupación por conservar sus tradiciones y el orgullo de
ser hispanos. En general creen que su identidad
hispana no debe desaparecer en le « *crisol de Amé-*   melting pot
rica », sino permanecer como en un *tapiz* donde los   tapestry
hilos se entretejen formando un bello *conjunto* mien-   threads / intertwine /
tras que mantienen su identidad.   ensemble

Ejercicios

A. Complete the following sentences with the appropriate word from
    the list at the right.

1. La literatura chicana expresa el   boricuas
   _____ a la asimilación.   enfrentan
2. A veces los méxico-americanos tuvieron   acogidos
   que _____ a la fuerza.   despojados
3. Los cubanos tienen más recursos para   recurrir
   adaptarse al nuevo _____.   en pie
4. Los españoles introdujeron el _____   ganado
   en el suroeste.   temor
5. Los méxico-americanos _____ el   medio
   problema de su identidad.   regresar
6. Muchas misiones contruidas por los
   españoles están _____.
7. Los cubanos no pueden _____ a su
   patria.
8. A partir de 1848 los méxico-americanos
   fueron _____ de sus tierras.
9. Los puertorriqueños también se llaman

   _____.
10. Los cubanos fueron _____ por los
    norteamericanos.

B. Answer the following questions in Spanish.

1. ¿Cuál cree Ud. que es la contribución más importante de México
   a la cultura norteamericana?

2. Nombre algunos otros toponímicos norteamericanos de origen hispano.
3. ¿Cree Ud. que los Estados Unidos debe deportar a los extranjeros indocumentados? ¿Por qué?
4. En su opinión, ¿es mejor que los hispanos se asimilen a la cultura norteamericana, formando así parte del crisol de América?
5. ¿Podrán realmente los hispanos mantener su identidad cultural?

C. Complete the following sentences with the appropriate phrase.

1. La presencia hispánica en los Estados Unidos se nota en
   a. la influencia de la televisión, la radio y el cine.
   b. los toponímicos del sur de los Estados Unidos.
   c. las imágenes que nos ofrecen los medios de comunicación.
2. Arizona significa
   a. tierra roja.
   b. montaña.
   c. zona árida.
3. La arquitectura hispánica se distingue de la anglosajona por
   a. ser una mezcla de elementos indios e hispanos.
   b. construir el castillo de San Marcos en la Florida.
   c. estar todavía en pie.
4. La ropa y el equipo que usa el vaquero en sus labores son
   a. nuevas profesiones.
   b. crianzas de ganado.
   c. adaptaciones de prendas hispanas.
5. La presencia hispánica en los Estados Unidos comprende también
   a. los siglos de expansión por el territorio sur.
   b. las contribuciones de los diversos grupos hispánicos.
   c. la prolongación de la construcción europea.
6. Los puertorriqueños y muchos méxico-americanos tienen en común
   a. haberse convertido en ciudadanos norteamericanos a consecuencia de una guerra.
   b. ser exiliados políticos del comunismo.
   c. llevar siglos viviendo en el suroeste de los Estados Unidos.
7. La mayor parte de los cubanos llegaron a este país después de
   a. la guerra hispano-americana de 1898.
   b. la guerra de México y los Estados Unidos terminada en 1848.
   c. la revolución cubana dirigida por Fidel Castro.
8. Los méxico-americanos se sintieron extranjeros en su propia patria porque
   a. cruzaron la frontera constantemente.

b. mantuvieron lazos culturales con México.

c. fueron despojados de sus tierras y convertidos en minoría.

9. El problema central que enfrentan los méxico-americanos es

a. la literatura chicana escrita tanto en inglés como en español.

b. recurrir a la fuerza.

c. la supervivencia de los valores hispanos en la cultura chicana.

10. La falta de oportunidades económicas en la isla de Puerto Rico ha causado

a. la marcada influencia norteamericana.

b. el éxodo a los Estados Unidos.

c. la autoafirmación de las raíces.

11. Los boricuas tratan de incorporar su herencia en

a. la asimilación total.

b. la libertad para ir y venir de Puerto Rico a los Estados Unidos.

c. nuevas formas de música, baile y literatura.

12. Los cubanos han sido acogidos en los Estados Unidos

a. porque siempre pueden regresar a su patria.

b. por ser refugiados del comunismo.

c. porque culturalmente son hispanoamericanos.

13. El grupo hispano de más alto nivel económico y de mayor educación es el

a. cubano.

b. méxico-americano.

c. puertorriqueño.

14. Para los cubanos uno de los problemas centrales es

a. el de las relaciones políticas con Cuba.

b. su iniciativa y esfuerzo.

c. Miami y las zonas limítrofes.

15. Todos los grupos hispanos tienen en común

a. el crisol de América.

b. la preocupación por conservar su identidad.

c. un tapiz donde los hilos se entretejen.

D.   Write a complete sentence with the following phrases.

1. _____ a consecuencia de _____.
2. Al finalizar _____.
3. _____ llevaban siglos viviendo _____.
4. _____ en busca de _____.
5. De repente, _____ _____.

CAPÍTULO 5

La estratificación social

Las relaciones entre las razas en la cultura hispana
han sido muy diferentes a las de la anglosajona. El
mestizaje entre indios, blancos y africanos se dio en
Hispanoamérica desde los primeros años de la
conquista y colonización del Nuevo Mundo. No
obstante, en la sociedad colonial los españoles
constituían la clase alta y todas las *castas* ocupaban
un lugar inferior por ser esclavos, conquistados o
descendientes de ellos y porque *en su mayoría eran
hijos naturales.*

    A pesar de la frecuencia con que se mezclaron las
razas en la América hispana—hasta el punto que
resulta prácticamente imposible distinguir entre
ellas—los prejuicios raciales no desaparecieron. Sin
embargo, podemos afirmar que en Hispanoamérica
se ha empleado un criterio de carácter sociocultural para
diferenciar a personas de una raza u otra, mientras
que en los Estados Unidos el criterio es exclusivamente genealógico; es decir, que excluye del status
blanco a cualquier persona que *tenga algún antepasado* de otra raza. El criterio hispano es mucho más
flexible y permite, por ejemplo, que una persona
culta y próspera pase a formar parte de las clases
sociales más altas de su país (predominantemente
blancas) a pesar de sus antecedentes genealógicos.

    Así, en muchos países hispanos personas de di-
ferentes razas han llegado a ocupar *cargos* muy importantes en la política y vida social de su nación.
Tenemos, por ejemplo, el caso de Benito Juárez, el

crossing of races

*persons of mixed
blood*

*the great majority
were illegitimate*

*a sociocultural
criterion has been
used*

that has an ancestor

positions

indio que en el siglo pasado ocupó la presidencia de México por varios años, o el caso del mestizo Lázaro Cárdenas que fue presidente de ese país de 1934 hasta 1940.

La tendencia a considerar a los indios como a una raza separada se basa especialmente en su cultura *bastante* diferente a la que *prevalece* en el país en que viven—y no en sus características físicas distintivas. Para ser aceptado como miembro de un grupo nacional, el indio debe aprender el español perfectamente, vestir ropa de tipo europeo y establecerse en una ciudad o pueblo lejos de su comunidad aborigena. En otras palabras, el indio debe «europeizarse». Esto implica que tiene que abandonar su identidad cultural por formas y costumbres de tradición europea. Si el indio *está dispuesto* a hacerlo, entonces se puede integrar, sin grandes dificultades, al curso normal de actividades nacionales.

quite / (present of prevalecer) prevail

is willing to

Decimos « sin grandes dificultades » pero debemos aclarar esta expresión. Realmente *sería* más correcto decir « con grandes dificultades ». ¿Por qué? Pues porque en la mayoría de los casos el indio que abandona su tribu o comunidad comienza su nueva vida « civilizada » como miembro del sector más pobre del país. Cuando encuentra trabajo en el campo, ofrece sus servicios a un patrón paternalista como *millares* de mestizos que *sólo* reciben un mínimo de protección económica *a cambio* de una casi total dependencia social.

(conditional of ser) would (it) be

thousands
only
in exchange for

En la ciudad la vida de los indios es, en general, más dura. Oscar Lewis, un antropólogo norteamericano, *ha estudiado* el gran problema social de los indios que van a la ciudad para buscar una « vida mejor ». En sus estudios de esta « cultura de la pobreza », el doctor Lewis establece una serie de características comunes a esta gente. Entre las consecuencias más frecuentes están: la lucha constante por la vida, bajos salarios, la diversidad de ocupaciones no calificadas, el *trabajo infantil*, la mala alimentación, viviendas muy precarias (construidas con *cartón*, *hojalata*, etc.), el *analfabetismo*, el alcoholismo, el abandono de la familia, el machismo, la promiscuidad . . . La lista es larga y poco atractiva. Es posible que la única esperanza de salvación de esta gente *se encuentre* en una ideología revolucionaria y en un cambio radical de las estructuras eco-

has studied

child labor

cardboard / tin-plate / illiteracy

is found

nómicas presentes. ¿No debe cada gobierno ofrecer a esta gente *marginada* una vida decente dentro del sistema político, económico y social *del que son parte*?

En el extremo superior de la escala social está la oligarquía *de abolengo* y también un grupo de « nuevos ricos ». Es necesario indicar que este grupo es mínimo pero sus miembros controlan *la mayor parte de* bienes capitales—tierras e industrias. La oligarquía forma la aristocracia *latifundista* y su riqueza procede de las tempranas especulaciones de tierras y de la explotación del elemento indígena. Su influencia y poder son extraordinarios. Su alianza con los otros dos grandes poderes de estos países— la iglesia y el gobierno—*impide*, muchas veces, las necesarias reformas sociales. *Por otra parte*, la aristocracia « moderna », situada generalmente en las grandes ciudades, *está formada por* un grupo dinámico de individuos que controlan las nuevas *fábricas* industriales, los bancos, los grandes centros comerciales, etc.

El grupo de la oligarquía privilegiada constituye una clase cerrada. Sólo *por nacimiento* o matrimonio se puede ser parte de este grupo. Es más fácil entrar a formar parte de la clase de los ricos « nuevos » o « modernos ». Esta clase está abierta a cualquier persona que tiene éxito financiero gracias a su iniciativa monetaria, a su trabajo o a sus « *padrinos* ». (Los padrinos, como vamos a ver con más detalle en otro capítulo, son personas social y económicamente importantes que ayudan a obtener, por ejemplo, un *puesto* de importancia, un *préstamo* bancario u otros privilegios especiales.) Esta nueva clase social se adapta más fácilmente a las innovaciones culturales, a los cambios metodológicos de trabajo y a las técnicas industriales que proceden del extranjero. Su papel en el desarrollo social y económico de España y de los países hispanoamericanos es vital para obtener una mayor industrialización y mejorar el nivel de vida.

En el pasado las diferencias sociales eran más obvias porque existía un gran abismo económico entre las clases alta y baja. Pero en los últimos años esa situación *está cambiando*, especialmente en las grandes ciudades. *Hoy día*, por ejemplo, es más grande el número de trabajadores que van a trabajar en su propio automóvil. El salario más alto les per-

---

left out, excluded
which they are part of

of lineage

most of

holding large shares of land

impedes, prevents
on the other hand

is composed of
factories

by birth

godparents (here, influential people)

position, job / loan

is changing
nowadays

mite vivir en casas o en apartamentos más cómodos y comprar más aparatos eléctricos. Por la misma razón, muchos ahora pueden *enviar* a sus hijos a escuelas *particulares* y *hasta* permitirse dos o tres semanas de vacaciones por año. Por desgracia, todo esto tiene su lado negativo. Estas demandas sociales en general *van acompañadas* de un índice de inflación tremendo, especialmente en países poco industrializados y con una gran demanda de productos importados, como es el caso de los países hispanos. Y esa inflación convierte en *sueño* imposible lo que en un momento parecía realizable *ya que* los *aumentos de sueldo* son mínimos en comparación con el incremento del costo de la vida.

En la clase media de los países hispánicos hay dos grandes grupos: los que reciben un sueldo o salario y los que trabajan *por cuenta propia. En la actualidad,* el primer grupo es mucho más numeroso que el segundo. *Debido a* la inflación—prácticamente constante en estos países—muchos de los *empleados* tienen que conseguir dos o tres puestos para mantener su *nivel de vida.*

Podemos deducir, entonces, que *a pesar de que* hoy día existen más posibilidades de *mejorar* económica y socialmente, el camino es todavía difícil para las clases más necesitadas. Por otra parte, la clase media, por su flexibilidad y relativa movilidad, es la que tiene las mejores perspectivas del futuro, *aunque* su tendencia a absorber los *valores* anticuados de las clases más altas puede disminuir su progreso económico.

La esperanza de cambio hacia una sociedad más justa y próspera está en la nueva juventud—estudiantes o trabajadores—hoy día más educada, consciente y sensible a los problemas sociales. Si el cambio no se produce, vamos a continuar observando un *tíovivo* social estático en donde los de arriba miran con arrogancia a los de abajo.

Glossary (right column):
- to send
- private / and even
- are accompanied by
- dream
- since, because / salary increases
- for themselves
- at the present time
- due to
- workers, employees
- standard of living
- in spite of (the fact)
- for improvement
- even though
- values
- merry-go-round

Ejercicios

A. Complete the following sentences with the appropriate word from the list at the right.

1. Los _____ son personas importantes que ayudan a obtener ciertos privilegios

cargos
mestizaje

especiales, por ejemplo, un _____   padrinos
de importancia.   costo de la vida
2. El _____ es la mezcla de varias razas. cartón
3. En la ciudad muchos indios viven en casas   puesto
   construidas de _____.   particulares
4. Varios hispanos de diferentes razas han   naturales
   ocupado _____ políticos.   nacimiento
5. Las castas eran en su mayoría hijos   cuenta propia
   _____.
6. El incremento del _____ es mayor
   que los aumentos de sueldo.
7. En la clase de la oligarquía privilegiada sólo
   se entra por _____ .
8. En la clase media hay dos grupos: los que
   reciben un sueldo y los que trabajan por
   _____.
9. Hoy día muchos trabajadores envían sus
   hijos a escuelas _____.

B. Match each word with its opposite.

____ 1. sueño   a. cerrada
____ 2. impedir   b. pobreza
____ 3. abierta   c. muerte
____ 4. nacimiento   d. realidad
____ 5. riqueza   e. permitir

C. Complete the following sentences with the appropriate phrase.

1. En Hispanoamérica resulta prácticamente imposible distinguir
   entre las razas
   a. porque los prejuicios raciales desaparecieron.
   b. porque las castas ocupaban un lugar inferior.
   c. por la frecuencia con que se mezclaron.
2. Para diferenciar a personas de una raza u otra en Hispanoamérica se ha usado
   a. un criterio sociocultural.
   b. un criterio genealógico.
   c. una persona próspera y culta.
3. Para ser aceptado como miembro de un grupo nacional el indio
   debe
   a. europeizarse.
   b. mantener su identidad cultural.
   c. vivir en su comunidad aborigen.
4. El indio que abandona su tribu y su comunidad comienza su
   nueva vida

    a. en el extremo superior de la escala social.

    b. como un antropólogo norteamericano.

    c. como miembro del sector más pobre del país.

5. Los indios van a la ciudad para

    a. tener una vivienda muy precaria.

    b. buscar una vida mejor.

    c. estudiar esta « cultura de la pobreza ».

6. Posiblemente la única esperanza de salvación de los indios se encuentre en

    a. la oligarquía de abolengo y los nuevos ricos.

    b. las tempranas especulaciones de la tierra.

    c. una ideología revolucionaria y un cambio radical de las estructuras económicas.

7. La aristocracia latifundista es una clase

    a. abierta a cualquier persona que tiene éxito financiero.

    b. cerrada y de muy pocos miembros.

    c. marginada.

8. En el desarrollo social y económico de los países hispanos es vital el papel de

    a. los « nuevos » o « modernos » ricos.

    b. la oligarquía de abolengo.

    c. los indios y los mestizos.

9. En los últimos años el abismo entre las clases alta y baja va desapareciendo y ahora más trabajadores

    a. explotan el elemento indígena.

    b. controlan las fábricas y los bancos.

    c. viven en apartamentos más cómodos y tienen automóvil.

10. Las demandas sociales en los países hispanos van acompañadas de

    a. un índice de inflación muy alto.

    b. más aparatos eléctricos.

    c. un préstamo bancario.

D.   Answer the following questions in Spanish.

1. ¿Cuál es su opinión sobre las relaciones entre las razas en los países hispanos y en los Estados Unidos?

2. Compare la condición del indio hispanoamericano con la del indio norteamericano.

3. Describa la clase social más alta de los Estados Unidos.

4. ¿Qué diferencias y semejanzas hay entre la clase media hispana y la estadounidense?

5. En su opinión, ¿qué cambios se necesitan en los países hispanos para llegar a tener una sociedad más justa y próspera?

CAPÍTULO 6

Machismo y marianismo

En general, podemos afirmar que tradicionalmente la mujer ha ocupado un lugar secundario en el mundo hispánico aunque, como vimos anteriormente, en el hogar la autoridad de la madre ha sido prácticamente ilimitada.

En parte, el papel secundario de la mujer en los países hispanos es consecuencia de las pocas oportunidades que ha tenido de participar en la vida socioeconómica de estas naciones, que por tantos años han sufrido serios problemas económicos, por ejemplo, un alto *nivel de desempleo*. Por otra parte, los conceptos tradicionales de machismo y marianismo han contribuido también a la condición de subordinación de la mujer hispana.

En el próximo capítulo veremos como estas actitudes tradicionales están cambiando hoy día; pero antes debemos examinar estos conceptos.

El *machismo* hispano es una visión de la superioridad del hombre en la sociedad y del estado de total dependencia de la mujer. Según este concepto las virtudes del hombre « ideal » son la actividad intensa, la competencia, el poder absoluto, y la potencia sexual. Las virtudes de la mujer « ideal » son, por lo tanto, las opuestas a esa agresividad masculina: la modestia, la subordinación y la humildad.

En las relaciones entre ambos sexos el machismo *exige la absoluta libertad del hombre para enamorar* a cualquier mujer fuera de su propia familia. El macho,

level of unemployment

attitude of male superiority

demands man's total freedom to woo

31

sin embargo, *se sentiría insultado si otro hombre se atreviera* a mirar con esas mismas intenciones a su mujer, su novia o su hermana, y por ello las protege constantemente. Entre los hombres *pudientes* esta libertad llega al extremo, muchas veces, de *mantener* dos hogares: uno con su legítima esposa y otro con su *querida*. Al segundo se le llama en algunos lugares la « casa chica ». | would be insulted if another man would dare / well-to-do, affluent / keep, support / mistress / literally "little house"

A la mujer, por otra parte, se le exige la virginidad hasta el matrimonio y se le prohibe cualquier relación amorosa extramarital. La esposa y la madre deben seguir el ejemplo de la Virgen María, modelo de sufrimiento y resignación, y *ser condescendientes con los hombres, que por tener una naturaleza más débil son como niños*. A esta creencia en la superioridad moral de la mujer y en su mayor *fortaleza* espiritual se le llama marianismo. Las mujeres que siguen este ejemplo de María son las « decentes », las otras son *catalogadas* de « indecentes » o fáciles. | yield to men who due to their weaker nature are like children / fortitude / labelled

La mujer hispana, en la gran mayoría de los casos, se ha sometido a estas convenciones sociales. Algunas, sin embargo, las han *desafiado abiertamente*. Un caso ilustre es el de Manuela Saenz, quien abandonó a su marido para seguir por todo el continente a su *amante* Simón Bolívar. | openly opposed / lover

Naturalmente, el machismo tiene también *rasgos* positivos; así, el hombre es *caballeroso* con la mujer *honrada* y se siente siempre en la obligación de defenderla y *protegerla*. La mujer hispana que ha aceptado el papel *impuesto* por el marianismo *ha disfrutado*, por tanto, de ésta y otras ventajas. | characteristics / courteous, gentlemanly / decent / protect her / imposed / has enjoyed

El machismo, contrario a lo que muchos creen, no es sólo una constante preocupación por la conquista amorosa, sino también un culto a la virilidad que se caracteriza por la agresividad e intransigencia hacia otros hombres.

La manifestación del machismo en la política es de especial importancia. Aquí, el macho *se mide por el poder que ejerce sobre los demás*. Por ello, el más admirado es el *caudillo*, que tiene poder absoluto sobre sus hombres. El macho no permite que nadie lo domine, ni *llega a acuerdos* con nadie; su poder tiene que ser total. Si hay gobierno, él *está en contra*; si él gobierna, no *comparte* su poder con nadie. Esta actitud evidentemente es la causa de mucha de la | is measured by the power he exerts over others. / chieftain, leader, dictator / reaches an agreement / he is against it / share inestabilidad política de Hispanoamérica. Un ejemplo exagerado del machismo en la política es el caso de un general que después de luchar junto a Benito Juárez, se opuso a él cuando Juárez llegó a ser presidente de la república. ¿Por qué? Porque ahora don Benito estaba con el gobierno y él, naturalmente, tenía que estar en contra. Pero en la política, el machismo también *ha dado lugar* a la figura del Señor Presidente, el padre que protege a su pueblo, es *bondadoso* con todos sus hijos y *rige conforme a la ley.*

has resulted

good, generous

rules according to the law

Algunos creen que el machismo se manifiesta más marcadamente en ciertos países como México, Cuba, Puerto Rico y Venezuela. Hay que reconocer que en México, por ejemplo, el folklore está lleno de cuentos y *chistes* sobre « puros machos ». En *El laberinto de la soledad*, el poeta y *ensayista* mexicano Octavio Paz recuerda la anécdota de aquél que «para 'curar' el dolor de cabeza de un compañero de *juerga*, le vació la pistola en el *cráneo*». Según Paz la preponderancia del machismo en México se debe a la analogía que el mexicano establece entre la conquista de México y la *violación* de la mujer. Para el macho, la mujer es la humillada, la violada, la que se *raja* ante el otro. El mexicano cree que la cultura india *cumplió* un papel femenino, se dejó violar por la española, por el conquistador. De aquí que *rechace* y *desprecie* ese papel femenino simbolizado en la Malinche, una india amante de Cortés, y considere *atributo* esencial del macho, la fuerza. Para el macho sólo hay dos posibilidades: violar y humillar, o ser violado y humillado.

jokes / The Labyrinth of Solitude

essayist

revelry

skull, head

rape

splits, opens up

played

rejects / disdains

characteristic

En el próximo capítulo veremos que la mujer no siempre se ha mantenido *callada* ante las injusticias que el machismo *supone* y que actualmente los rasgos negativos de esta actitud van desapareciendo.

silent

entails

Ejercicios

A. Match each word with its opposite.

_____ 1. machismo   a. esposa
_____ 2. querida   b. subordinado
_____ 3. superior   c. intransigente
_____ 4. condescendiente   d. marianismo
_____ 5. fortaleza   e. debilidad

B. Complete the following sentences with the appropriate phrase.

1. En parte, la condición de subordinación de la mujer hispana es consecuencia de
   a. su agresividad e intransigencia.
   b. su autoridad prácticamente ilimitada en el hogar.
   c. las pocas oportunidades que ha tenido de participar en la vida socioeconómica.

2. Según el machismo las virtudes del hombre « ideal » son
   a. la actividad intensa, la competencia, el poder absoluto y la potencia sexual.
   b. la modestia, la subordinación y la humildad.
   c. la condescendencia, la superioridad moral y la fortaleza espiritual.

3. En las relaciones entre ambos sexos el machismo exige para el hombre
   a. la virginidad hasta el matrimonio y la prohibición de relaciones extramaritales.
   b. la absoluta libertad para enamorar a cualquier mujer fuera de su propia familia.
   c. el seguir el modelo de sufrimiento y resignación de la virgen María.

4. Cuando otro hombre trata de conquistar a su novia, su esposa o su hermana, el macho se siente
   a. superior.
   b. insultado.
   c. pudiente.

5. A la esposa y a la madre se les exige
   a. abandonar a su marido.
   b. seguir el ejemplo de la Virgen María.
   c. mantener dos hogares.

6. Unos de los rasgos positivos del machismo hispano es
   a. la mujer honrada.
   b. la caballerosidad del hombre.
   c. el culto a la virilidad.

7. En la política el macho se mide por
   a. su constante preocupación por la conquista amorosa.
   b. el poder que ejerce sobre los demás.
   c. tener relaciones que son del dominio público.

8. Si hay gobierno, el macho siempre
   a. está en contra.
   b. comparte el poder.
   c. llega a un acuerdo con los demás.

9. Octavio Paz recuerda la anécdota de un hombre que para « curar » el dolor de cabeza de un compañero
   a. violó a una mujer.

    b. se opuso al presidente de la república.

    c. le vació la pistola en el cráneo.

10. Según Paz, la preponderancia del machismo en México se debe a

    a. que el folklore está lleno de cuentos y chistes de « puros machos ».

    b. la analogía que el mexicano establece entre la conquista de México y la violación de la mujer.

    c. que la mujer no siempre se ha mantenido callada ante las injusticias que el machismo supone.

C.   Answer the following questions in Spanish.

1. ¿Cree Ud. que en la sociedad norteamericana también existe el machismo?
2. ¿Se exige en los Estados Unidos la virginidad de la mujer hasta el matrimonio?
3. ¿Tiene rasgos negativos el marianismo?
4. ¿Por qué tiene el machismo consecuencias negativas en la política?
5. ¿Existe el marianismo en los Estados Unidos?

D.   Write a complete sentence with the following phrases.

1. _____ se mide por _____.
2. No _____, ni _____.
3. Un ejemplo de _____ es _____.
4. En los Estados Unidos las virtudes de la mujer (el hombre) « ideal » son _____.
5. _____ está en contra de _____.

CAPÍTULO 7

La revolución de la mujer

En el capítulo anterior hablamos del estado de subordinación de la mujer hispana. No obstante, no olvidemos que muchas mujeres hispanas han tenido gran influencia en la vida política y social de sus respectivos países. En los siglos anteriores algunas mujeres de la clase alta llegaron a ejercer poder similar al de su marido, y tenían, por tanto, más autoridad que los hombres de clases inferiores. Así, en el siglo XVI doña Beatriz de la Cueva gobernó su país al morir su marido Pedro de Alvarado, capitán general de Guatemala.

Algunas mujeres también se atrevieron a *denunciar* la condición *abyecta* de la mujer. El caso más ilustre es el de *sor* Juana Inés de la Cruz. En el siglo XVII a sor Juana se le llamó « la *décima musa* de México » por su gran talento literario. A pesar de no haber podido asistir a la universidad, debido a que las mujeres no eran entonces admitidas, sor Juana se dedicó al estudio y a la literatura. De su gran producción literaria se recuerdan especialmente su poema titulado « Hombres necios », en el que acusa a los hombres de *culpar* a la mujer por las faltas que *ellos mismos han provocado*. En la « Respuesta a Sor Filotea de la Cruz », defiende su derecho a tener *inquietudes intelectuales* a pesar de ser mujer y *aboga* por la instrucción de la mujer.

En tiempos modernos debemos recordar la figura de Evita Perón, quien llegó a tener en la Argentina un poder superado sólo por su esposo Juan Perón,

denounce

servile

sister

tenth Muse

blaming

they themselves have caused.

intelectual curiosity / advocates

dictador durante la década de los cuarenta y parte de los cincuenta. Evita, a pesar de ser de la clase humilde, no se olvidó de los pobres cuando llegó a la **cumbre**. Su popularidad entre la clase *obrera* era tan extensa que al morir, el pueblo argentino le pidió al Papa que la canonizaran.

    Actualmente, las mujeres participan mucho más en la política. En unos doce países hispanoamericanos son miembros de los *gabinetes* del gobierno, son gobernadores y senadores, y en alguna que otra ocasión han llegado a ser presidente de la república. La mujer hispana también ha pasado a formar parte del ejército en algunos países, por ejemplo, en Bolivia y en Cuba.

    Gracias al interés mundial en la condición de la mujer, hoy día la hispana está tomando conciencia de su posición en la sociedad y está luchando por eliminar las restricciones que ha sufrido por tantos siglos. Cada día, las oportunidades educacionales, económicas y ocupacionales aumentan y la mujer empieza a conocer una nueva libertad a causa de factores tales como el *control de la natalidad* y la posibilidad de obtener empleos que antes eran exclusivamente masculinos. Curiosamente, el concepto tradicional de familia en la cultura hispana contribuye a esta nueva libertad, puesto que la educación de los hijos y las *labores* domésticas se comparten con otros miembros de la familia: abuelos, tíos, etc. La gran facilidad con que se puede obtener *servicio doméstico* también le permite a la mujer hispana de clase media o alta una libertad que muy pocas norteamericanas experimentan. Aun las mujeres que no trabajan fuera del hogar, tienen criadas que cuidan a los niños y se encargan de los *quehacares* domésticos.

    El hecho de que el papel de la mujer hoy día se sale de los moldes tradicionales de esposa y madre ha traído como consecuencia cambios en las relaciones entre los sexos que se caracterizan por sentimientos ambivalentes tanto por parte del hombre como de la mujer.

    La mujer, que empieza a participar más activamente en la economía y la política de su nación, espera mayor cooperación del marido en la educación de los hijos y en los asuntos del hogar. No obstante, la hispana nunca quiere ser *estridente* en la lucha por

Glosas marginales:
- top
- working
- cabinets
- birth control
- work, tasks
- domestic help
- chores
- strident, shrill

sus derechos, ni parecer una amenaza a la imagen
masculina. En general, las mujeres hispanas no *co-*   agree
mulgan con los métodos del movimiento de liberación femenina, que consideran agresivo y lleno de
resentimiento. Por otra parte, no quieren perder las
ventajas que la cortesía masculina siempre *les había*   had offered.
brindado.

El hombre, por su parte, está aceptando *en gran*   to a certain extent
medida muchos de ostos cambios; por ejemplo, el tra-
bajo de la mujer fuera del hogar y la libertad sexual
antes del matrimonio. En muchas ocasiones, sin embargo, quiere mantener algunas de las actitudes anteriores. Así, acepta que su mujer trabaje fuera del
hogar pero también *espera que ella haga* todos los   expects her to do
quehaceres domésticos.

Estos cambios en las actitudes tradicionales son
más patentes en los centros urbanos entre las personas de clase media y clase alta. En las zonas rurales, desgraciadamente, poco ha cambiado. La campesina vive todavía en una situación abyecta. Recibe
menos remuneración por el trabajo agrícola que el
hombre y tiene el índice de analfabetismo más alto
de Hispanoamérica. La campesina hispana tampoco
se beneficia de los proyectos de asistencia técnica
que ofrecen los gobiernos y las organizaciones in-
ternacionales; para participar en éstos se requiere
saber leer y escribir. La injusticia es evidente si se
tiene en cuenta que en la América hispana la mujer
constituye el cincuenta por ciento de la *fuerza laboral*   labor force
agrícola.

¡En el caso de la campesina la liberación femenina
está por empezar!   is about to

Ejercicios

A. Complete the following sentences with the appropriate phrase.

1. En siglos anteriores muchas mujeres de la clase alta
   a. asistían a la universidad.
   b. ejercían poder similar al de su marido.
   c. eran canonizadas.
2. En su « Respuesta a sor Filotea de la Cruz », Sor Juana
   a. gobernó su país al morir su marido Pedro de Alvarado.
   b. se dedicó al estudio y a la literatura.
   c. defendió su derecho a tener inquietudes intelectuales.
3. Evita Perón llegó a
   a. tener un poder superado sólo por su esposo.

   b. ser presidente de la república.

   c. formar parte del ejército.

4. Hoy día la mujer hispana empieza a conocer una nueva libertad
    a causa de factores tales como

    a. las restricciones que ha sufrido por tantos siglos.

    b. su popularidad entre la clase obrera.

    c. el control de la natalidad.

5. El concepto tradicional de familia contribuye a esta nueva li-
    bertad porque

    a. las labores domésticas y la educación de los hijos se compar-
        ten con otros familiares.

    b. todas tienen criadas.

    c. pueden obtener empleos tradicionalmente masculinos.

6. Hoy día las relaciones entre los sexos se caracterizan por

    a. participar más en la política y la economía.

    b. trabajar fuera del hogar.

    c. sentimientos ambivalentes de la mujer y el hombre.

7. Las hispanas creen que el movimiento de liberación femenina

    a. les ha brindado las ventajas de la cortesía masculina.

    b. exige que la mujer haga todos los quehaceres domésticos.

    c. es agresivo y lleno de resentimiento.

8. A veces los hombres quieren aceptar los nuevos cambios pero
    también quieren

    a. comulgar con los métodos del movimiento de liberación fe-
        menina.

    b. mantener algunas de las actividades anteriores.

    c. amenazar la imagen masculina.

9. Los cambios de las actitudes tradicionales son más patentes

    a. en las zonas rurales.

    b. en los centros urbanos.

    c. entre los campesinos.

10. Las campesinas no se benefician de los proyectos de asistencia
     porque para participar tienen que

     a. constituir el cincuenta por ciento de la fuerza laboral agrícola.

     b. recibir menos remuneración que el hombre.

     c. saber leer y escribir.

B. Complete the following sentences with the appropriate word from
    the list at the right.

1. Algunas mujeres se atrevieron a   medida
    _____ la condición de la mujer.   quehaceres

2. A sor Juana Inés se le llamó « la décima   estridente
    _____ ».   analfabetismo

3. En su poema « Hombres necios » sor   denunciar
    Juana acusa a los hombres de _____   abyecta

a las mujeres por las faltas que ellos han
provocado.

4. Sor Juana ＿＿＿＿＿ por la instrucción
de la mujer.

5. Evita Perón no se olvidó de los pobres
cuando llegó a la ＿＿＿＿＿.

6. Muchas mujeres tienen criadas que hacen
los ＿＿＿＿＿ domésticos.

7. La hispana nunca quiere ser ＿＿＿＿＿
en la lucha por sus derechos.

8. El hombre esta aceptando en gran
＿＿＿＿＿ muchos de estos cambios.

9. Las campesinas tienen el índice de
＿＿＿＿＿ más alto de Hispanoamérica.

10. Las campesinas todavía viven en una
situación ＿＿＿＿＿.

musa
culpar
aboga
cumbre

C. Answer the following questions in Spanish.

1. Nombre algunas de las mujeres norteamericanas que han
denunciado la condición abyecta de la mujer.

2. ¿Cree Ud. que hoy día la participación de la mujer en la política
y en la economía ha llegado a la cumbre?

3. En las relaciones entre los sexos, ¿cuáles son los sentimientos
ambivalentes de la mujer y del hombre en los Estados Unidos?

4. En su opinión, ¿es posible liberar a la mujer sin ser estridente?

5. ¿Cree Ud. que en los Estados Unidos la situación de la
campesina es tan abyecta como en los países hispanos?

D. Write a complete sentence with the following phrases.

1. ＿＿＿＿＿ está por ＿＿＿＿＿.

2. ＿＿＿＿＿ defiende su derecho a ＿＿＿＿＿.

3. ＿＿＿＿＿ está luchando por ＿＿＿＿＿.

4. A pesar de ＿＿＿＿＿.

5. ＿＿＿＿＿ está tomando conciencia de ＿＿＿＿＿.

CAPÍTULO 8

Vuelva usted mañana

¿Quién no *ha oído comentar* la costumbre de la siesta hispánica? Muchas veces el norteamericano *se asombra* de que en los países hispanos se interrumpan las *labores* en oficinas y negocios a la hora del almuerzo y de la *subsiguiente* siesta.

    El anglosajón aprende, desde pequeño, que el trabajo es bueno para el *alma* y para el *cuerpo:* ennoblece el espíritu y *enriquece* al que trabaja. *Además*, la experiencia le demuestra que el trabajo es progreso: con trabajo se construyen las naciones y, *a nivel personal*, con trabajo se escala económica y socialmente. En particular, el norteamericano sabe que si trabaja puede comprar los bienes materiales que desea. La práctica y la realidad económica de su país le enseñan que la solución a los problemas económicos personales y nacionales está en el trabajo. Por eso, *incluso* en sus horas de descanso, él « trabaja » en sus « hobbies » o en otros *quehaceres ociosos*.

    Por el contrario, el hispano considera que el trabajo tiene su origen en la *maldición bíblica* de « *ganarás el pan con el sudor de tu frente* » y que es, por lo tanto, un *mal* necesario. No cree que el producir el máximo en el trabajo lo *beneficie* personalmente. A veces, *se deja llevar* por el *fatalismo* y llega a pensar que no puede *cambiar* su futuro por *esfuerzo propio*. Además, durante siglos la cultura hispana ha considerado *bajo* el trabajo manual. Esta actitud es consecuencia de circunstancias históricas. En el siglo XVI, cuando en España convivían cristianos, árabes y *judíos*, la profesión por excelencia del cristiano era la militar mientras que los otros trabajos estaban

	has heard discussed
	is amazed
	work
	subsequent
	soul / body
	enriches / besides
	on a personal level
	even
	idle occupations
	biblical curse
	"with the sweat of your brow you will earn your bread"
	evil
	benefits
	is swayed / fatalism
	change / through his own efforts
	low
	Jews

reservados a los judíos y árabes, *a quienes se consideraba impuros de sangre e indignos de títulos nobiliarios* y de otros beneficios. Por esta asociación entre *ejercer ciertos oficios* y ser de sangre judía o árabe, el español llegó a creer que el trabajo manual es una *deshonra*. En Hispanoamérica se impuso el mismo *patrón*, aunque en este caso las labores manuales se habían reservado a indios y africanos. *Además* de estas razones históricas, la situación económica de los países hispanos *ocasiona* la frustración del trabajador y justifica su actitud negativa hacia el trabajo. Hasta hace poco, su labor le producía un salario tan miserable que sólo *a duras penas* podía mantener a su familia. Entonces, ¿para qué matarse y *esforzarse?* Las horas del trabajo deben pasarse lo mejor posible.

who were considered of impure blood and unworthy of obtaining noble titles

having a certain kind of trade

dishonor

pattern

besides

causes

with great difficulty

to exert oneself

Por otra parte, es curioso que en una cultura como la hispana donde el trabajo manual se subestima, la *artesanía* sea de tan alta calidad. Y es que en este caso *está de* por *medio* el *orgullo* personal del artesano, quien *no escatima esfuerzos* para *lograr* un producto en extremo individual. De igual manera, el *funcionario público cumple* con sus *deberes* más por orgullo propio que por defender los intereses del Estado. El orgullo personal en el trabajo es, pues, otra manifestación del individualismo hispano.

manual arts, crafts

is in question / pride

does not spare any effort / obtain

public official fulfills / duties

En general, los funcionarios públicos en los países hispanos *tienen fama de perder* el tiempo y de no *atender* al público con el respeto y la *prontitud* que *se merece*. Cualquier *gestión* simple, por ejemplo sacar una licencia, puede *demorarse* semanas y hasta meses. Quizá el funcionario público cree que se merece su puesto porque ya en la cultura hispana del siglo XIX se había establecido la tradición de *recompensar* con empleos públicos a aquellos que *habían ayudado* a un partido a llegar al poder. O quizás porque el empleado ha tenido que pasar una *prueba escrita* y que buscar el *apoyo* de personas influyentes, piensa que el puesto es una justa recompensa a sus esfuerzos. En todo caso, el hispano ha aprendido a no *enfrentarse* directamente con estos empleados. Cuando tiene que hacer alguna gestión *recurre a* algún amigo común o a otro *intermediario*. En España, por ejemplo, hay negocios llamados « gestorías » que *se encargan de hacer* toda clase de *diligencias* por una comisión.

are reknown for wasting

serving / dispatch

deserves / transaction

delayed

reward

had helped

written test

backing, support

face

resorts

middleman

take charge / errands

En el mundo hispano, para tener éxito, es *imprescindible* tener un buen número de « padrinos » (o « compadres » o « enchufes », como a veces se les llama). Si el hispano necesita una recomendación para obtener un trabajo, entrar en alguna *facultad* o acelerar la adquisición de un documento oficial, lógicamente *se dirige* al amigo que puede activar el mecanismo burocrático por influencia personal o de sus amistades. Esta persona, satisfecha y orgullosa de poder ayudar a un amigo, escribe unas palabras de presentación—en una tarjeta de visita o carta—dirigidas a la persona de influencia. Con este « pasaporte », el joven va directamente en busca de *don* « *Resuélvelotodo* », quien por ser una personalidad de mucha importancia, tiene una oficina muy *lujosa* y dos o tres secretarias a su servicio. Ahora, sentado en la *sala de espera*, sólo debe aguardar *unas cuantas* horas. Finalmente el joven puede *entrevistarse con* don Resuélvelotodo. El joven se presenta humildemente; da la tarjeta de visita al hombre importante y éste, después de leerla, le dice—con una mirada y voz paternales—que hará lo posible y *que vuelva mañana*. Nuestro hispano, contento y muy optimista, vuelve mañana. Pero le informan que el señor importante salió *inesperadamente* en viaje de negocios a Bruselas o a Boston, y que por favor vuelva mañana. Él vuelve mañana y mañana y mañana... Pero como « *con paciencia se llega al cielo* » es casi seguro que después de tanto esperar, después de tantas mañanas, el joven obtendrá lo que necesita.

La experiencia anterior parecerá algo exagerada, pero debe servir de ejemplo a muchos extranjeros que tratan de resolver sus negocios con la misma rapidez y eficacia a que están acostumbrados en sus países. Por ejemplo, Mr. Smith llega a Bolivia o a Guatemala con planes para la construcción de una nueva *fábrica*. Cree que en cuatro o cinco días podrá hacer todos los *arreglos* necesarios para la instalación. Como no conoce muy bien el sistema, se presenta a las dos de la tarde en casa del *abogado* que preparará los documentos requeridos por el Ministerio de Industria. La secretaria le anuncia que el señor abogado no acostumbra presentarse en la oficina hasta más o menos las cuatro. *Para aprovechar* el tiempo, Mr. Smith decide comprar unos regalos

indispensable

people willing to lend their influence

department of a university

he goes

Sir "Solve-it-all"

luxurious

waiting room / a few
to get an interview with

to come back tomorrow

unexpectedly

"with patience you will get to Heaven."

factory
arrangements

lawyer

to take advantage of

para su familia. Pero si no va a uno de los grandes
almacenes que siguen el *horario* « americano », *se
dará cuenta de que* la mayoría de las tiendas están
cerradas. Los propietarios y empleados estarán en
sus casas comiendo o quizá durmiendo una *siestecita*
(decimos « quizá » porque la costumbre está desapareciendo; especialmente en las grandes ciudades).
En fin, Mr. Smith se exaspera, *se queja de* la *pereza*
hispana y finalmente regresa a su país después de
repetidas frustraciones y cansado de oír tantos
« vuelva usted mañana ». Cuando regresa a su país,
Mr. Smith cuenta sus experiencias increíbles en el
mundo hispano a los directores o ejecutivos de su
fábrica. Estos, que ya habían oído hablar de esas
dificultades, tratan de *alentarle* y asegurarle que la
fábrica podrá inaugurarse en un futuro no muy lejano. *Al cabo del día*, después dé tomar decisiones
importantes, de dictar miles de cartas, de responder
llamadas telefónicas, Mr. Smith se siente cansado y
preocupado. Necesita hablar con un psiquiatra.
« John », le dice el médico amigo, « debes tomar la
vida con más calma. No puedes seguir así. Necesitas
distraerte y descansar un poco, unas dos o tres horas,
a mediodía. . . Te sentirás renovado física y espi-
rítualmente y trabajarás sin tantos nervios. »

Antes de cerrar este capítulo queremos *dejar bien
claro* que el trabajador hispano—chileno, paraguayo,
mexicano, español o de cualquier otro país—puede
competir con el trabajador más capaz de cualquier
otra cultura. Si alguien duda de esta afirmación sólo
tiene que recordar las doce y catorce horas diarias
que un peón trabaja recogiendo las lechugas o los
tomates que serán consumidos por las mesas ame-
ricanas. O también puede escuchar los comentarios
de los *encargados* alemanes que admiran la productividad y esfuerzo del obrero español, conside-
rado entre los mejores de Europa.

Es fácil deducir, entonces, que *lo que* el trabajador
hispano necesita es la posibilidad de ver el resultado
concreto y tangible de su trabajo como lo ven y dis-
frutan los obreros de otras partes del mundo.

Glosses (right margin):

stores, shops / schedule
(he) will realize that
short nap
(he) complains about (of) / laziness
to encourage him
at the end of the day
to make it very clear
foremen; overseers
what

Ejercicios

A. Complete the following sentences with the appropriate phrase.

1. Para el anglosajón el trabajo es
   a. bueno para el alma y para el cuerpo.
   b. una maldición bíblica.
   c. un mal necesario.
2. La actitud del hispano hacia el trabajo manual es
   a. progreso.
   b. la solución a los problemas económicos personales y nacionales.
   c. consecuencia de circunstancias históricas.
3. El español llegó a creer que el trabajo manual era una deshonra
   a. por la asociación entre ejercer ciertos oficios y ser de sangre « impura ».
   b. porque en Hispanoamérica se impuso el mismo patrón.
   c. porque en el siglo XVI convivían en España cristianos, árabes y judíos.
4. La situación económica de los países hispanos
   a. se había reservado a indios y africanos.
   b. justifica la actitud negativa del hispano hacia el trabajo.
   c. debe pasarse lo mejor posible.
5. Aunque en la cultura hispana el trabajo manual se subestima, la artesanía es de alta calidad porque
   a. el funcionario público cumple con sus deberes.
   b. sólo a duras penas se puede mantener a la familia.
   c. está de por medio el orgullo personal del artesano.
6. Los funcionarios públicos en los países hispanos tienen fama de
   a. perder el tiempo y no atender bien al público.
   b. merecerse su puesto.
   c. tener una justa recompensa a sus esfuerzos.
7. Para tener éxito en el mundo hispano es imprescindible
   a. demorarse semanas y hasta meses.
   b. enfrentarse directamente con los funcionarios públicos.
   c. tener un buen número de padrinos o enchufes.
8. Don « Resuélvelotodo » es
   a. un extranjero que trata de resolver sus negocios con gran rapidez.
   b. una persona de influencia.
   c. un joven que se presenta humildemente.
9. Mr. Smith se exaspera en Hispanoamérica porque
   a. necesita hablar con un psiquiatra.
   b. los ejecutivos norteamericanos tratan de alentarle.
   c. no puede hacer los arreglos necesarios en poco tiempo.

10. Lo que el trabajador hispano necesita es
    a. trabajar doce horas recogiendo lechugas.
    b. la posibilidad de ver el resultado concreto de su trabajo.
    c. escuchar los comentarios de los encargados alemanes.

B. Complete the following sentences with the appropriate word from the list at the right.

1. Las personas de sangre impura se consideraban indignas de _____.

2. El artesano hispano no _____ esfuerzos.

3. El funcionario público cree que _____ su puesto.

4. El hispano _____ a algún _____ cuando tiene que hacer una gestión.

5. Después de muchas horas de espera el joven puede _____ con don Resuélvelotodo.

6. Algunos grandes almacenes siguen el _____ americano.

7. Mr. Smith se queja de la _____ hispana.

8. Cuando el hispano necesita una recomendación para entrar en alguna _____ se dirige al amigo.

se merece
entrevistarse
títulos nobiliarios
intermediario
pereza
recurre
horario
facultad
escatima

C. Answer the following questions in Spanish.

1. ¿Qué opina Ud. de la costumbre de la siesta hispánica?
2. ¿Cree Ud. que el trabajo ennoblece el espíritu? ¿Por qué?
3. ¿Cómo atienden al público los funcionarios en los Estados Unidos?
4. ¿Existen también don « Resuelvélotodos » en los Estados Unidos? Si existen, ¿en qué se diferencian de los hispanos?
5. Si Ud. hubiera sido Mr. Smith, ¿qué habría hecho Ud. en Hispanoamérica?

D. Write a complete sentence using the future tense of the following verbs.

1. ganar
2. quejarse de
3. recompensar
4. cumplir con
5. demorarse

CAPÍTULO 9

Viva la vida: las fiestas

Las fiestas en el mundo hispánico siempre causan admiración y *asombro* a los turistas y extranjeros. Algunos las *presencian* en Quito, otros en Pamplona, Madrid o México y casi todos reaccionan con entusiasmo. Tanto el turista como el antropólogo se sienten movidos por los colores, el *ruido*, la alegría o el sentimiento religioso que manifiesta el pueblo hispano en sus celebraciones.

Algunas fiestas hispánicas se celebran en honor de *acontecimientos* históricos. *Año tras año*, cada país celebra el día de su independencia y *rinde homenaje* a sus héroes nacionales. Por ejemplo, el 16 de septiembre es día de fiesta en México. El 16 de septiembre de 1810 el padre Miguel de Hidalgo pronunció las palabras que incitaron al pueblo mexicano a levantarse en armas contra España y a iniciar el movimiento de independencia. Este día se celebra con *desfiles* y *fuegos artificiales*, como el 4 de julio en los Estados Unidos.

Hay otros días en que se celebran fiestas religiosas. Los países hispanos, por tradición o herencia cultural católica, tienen en su calendario varias fiestas de ese tipo. Durante estas fechas, la gente recuerda o conmemora un acontecimiento importante de la vida de un santo, de la Virgen o de Jesucristo.

Durante la *Semana Santa*, por ejemplo, hay procesiones de hombres *vestidos de romanos antiguos* o de penitentes. También hay procesiones de los « pasos », escenas de los últimos momentos de la vida de Cristo. Así es como el pueblo católico recuerda el significado de la pasión y muerte de Jesús.

Otra fecha importantísima es, por supuesto, la

astonishment
witness

noise

events
year after year / pays
homage

parades / fireworks

Holy Week
dressed like ancient
Romans

Navidad que celebra el nacimiento del Niño Dios. En los países hispanos no es costumbre, como lo es en los Estados Unidos, dar juguetes a los niños o intercambiar regalos en la Navidad. La gran celebración tiene lugar en estos países el 24 de diciembre, la noche de *Nochebuena,* cuando el delicioso *turrón,* la *sidra* y el exquisito *pan dulce* de Navidad son prácticamente *infaltables* en los *hogares* hispanos. Es costumbre ir a misa y después, a la hora de la cena, familiares y amigos se reúnen alrededor de la mesa para saborear el clásico *lechoncito asado* o algún otro plato especial. El 25 es un día de descanso en que generalmente uno se queda en casa o visita a los amigos más íntimos.

Entre otros días de fiesta con significado religioso está el 6 de enero, *día de los Reyes.* El 5 de enero, por la noche, los niños ponen sus zapatos en la ventana esperando los regalos que los « *reyes magos* » traerán al día siguiente. También hay varias fiestas dedicadas a la Virgen, como la del 15 de agosto (día de Nuestra Señora de la Asunción) o la del 8 de diciembre (día de la Inmaculada Concepción). Éstas ejemplifican el valor y el papel importante que tiene la madre en la cultura hispánica.

Sin embargo, las fiestas que representan mejor el carácter y el modo de vivir de la gente hispana son, probablemente, las que corresponden al día del *santo patrón* (o santa patrona). Todo país, ciudad o pueblo, *por pequeño que sea,* tiene su patrón protector. A él o a ella *se encomienda* el éxito de la *cosecha,* la cura de un enfermo o la solución de cualquier problema. Cada año, cuando llega esta fecha, la gente del lugar *se lanza* a la calle para celebrar con alegría unas festividades que a veces parecen guiadas por el más sincero fervor religioso y otras por el más *salvaje* paganismo. Así, es muy posible ver a una misma persona en la iglesia por la mañana, en la *pelea de gallos* o *corrida de toros* por la tarde y en el baile de la plaza mayor—donde el alcohol corre como el agua—por la noche.

Una de las fiestas españolas más célebres y mencionadas por los extranjeros es la de San Fermín, inmortalizada por Ernesto Hemingway en su novela *The Sun Also Rises.* Desde el 6 de julio hasta ocho días más tarde, la ciudad de Pamplona, situada al norte de España, presencia una *vorágine* de música

---

Marginal glosses:

Christmas

Christmas Eve / candy similar to nougat or almond paste / cider, sparkling apple wine / Christmas fruit bread
never missing / households
roasted piglet

Epiphany

Three Kings, magi

patron saint
no matter how small it is
is entrusted / harvest

stream into

savage

cockfight
bullfight

whirlpool

y de gente, de *polvo* y de *cohetes*, de *mugidos de toros* y del olor *embriagador* del vino que pasa incesantemente *de la bota a la garganta*. En esos ocho días la ciudad se multiplica de gente. Allí llegan personas de todas partes de España y del resto del mundo. No debe sorprendernos ver a la elegante señora inglesa junto a la humilde *criada* española, o al joven *navarro* de camisa blanca y *pañuelo* rojo junto al rubio americano cuyo suéter—con su inscripción de « University of Illinois »—descubre su calidad de turista.

De todos los eventos en la fiesta de San Fermín, el que más atrae al público es, sin duda, el *encierro*.

Son cerca de las siete de la mañana. Las intersecciones de la calle por donde van a pasar los animales ya están *valladas*. La gente busca el mejor lugar desde donde presenciar el espectáculo. Unos, los afortunados, se instalan en el balcón de sus casas; otros, los ágiles, suben a lo alto de los árboles. Los que se levantan muy temprano pueden verlo *a través de las vallas*, y los más valientes . . . ¡ah! éstos sí que tienen la mejor localidad: delante de los toros.

A las siete en punto un solo cohete señala la *salida de los toros*. En unos pocos minutos van a *recorrer* la distancia desde la estación del *ferrocarril* hasta la Plaza donde *serán toreados* esa misma tarde, creando miedo, confusión, y a veces tragedia entre esos jóvenes valientes que los esperan a la salida.

Al oír el cohete, los muchachos, *inquietos* y ansiosos, miran hacia la primera *vaquilla mansa* que guiará al resto. Aquella masa de jóvenes, al ver los peligrosos *cuernos* del primer toro que sigue a la inofensiva vaca, empiezan a correr, *volviendo la vista* sólo para *medir* la distancia entre ellos y los toros. Y los toros, con cada segundo que pasa, aumentan la velocidad de su carrera. Ya nadie puede detener su *empuje al aproximarse* peligrosamente a aquellos jóvenes que corren delante. Por eso, cuando casi sienten los cuernos *encima de ellos, se desvían* hacia la *valla salvadora*, o *se tiran al suelo* esperando que el toro *pase de largo*, o caen empujados por los otros muchachos que vienen detrás, o *aún peor*, por el *golpe* de un toro. Si el muchacho tiene suerte, el golpe es leve y sólo va a dejar un pequeño dolor por unos días. Otras veces—pocas—el muchacho no tiene tanta suerte y la *cornada* que recibe del toro puede dejarle una marca toda su

dust / firecrackers
bellowing of bulls
intoxicating /
  from the leather
  wine bag to the
  throat

maid / from Navarre,
  Spain
neckerchief

the running of the
  bulls

fenced, enclosed with
  stakes

through the barricades

bulls' being set loose
to travel
train
will be fought

restless
small cow / tame

horns
looking back
to measure

push, shove, upon
  going near

over / turn away /
  safety barricade
throw themselves to
  the ground
will go past
even worse
blow, pushing
thrust with a bull's
  horn

vida. Alguna rara vez, si la mala suerte es extrema, la cornada puede costarle la vida. Pero todos estos pequeños o grandes accidentes no impiden que otros *prueben su valentía* año tras año delante de aquellos animales.   prove their valor

Mientras tanto, las muchachas, a quienes no se les permite correr en el encierro, observan orgullosas y temerosas al novio que corre delante del toro, o piensan, *quizás,* en lo tonto o peligroso del espectáculo.   in the meantime

perhaps

Otras, a quienes no le interesa esa aparente muestra de machismo, buscan por las calles próximas al encierro algún tipo diferente de diversión. Empiezan a cantar, «Uno de enero, dos de febrero, tres de marzo, cuatro de abril, cinco de mayo, seis de junio, siete de julio: San Fermín. A Pamplona *hemos de ir,* a Pamplona hemos de ir, con una bota y un *calcetín.*» *Se alejan* confundiéndose su canto con el ruido de la gente, de las voces, y de la música.   we must go / sock / they move away

Días más tarde, todo es un *recuerdo,* un sueño, una *pesadilla agradable* que se repite todos los años. Pero en el *alma* de los participantes extranjeros *queda* la sensación viva de que el pueblo hispano sabe *disfrutar* de la vida, cuando la ocasión se presenta, de una manera activa, *despreocupada, llena de* luz y de alegría.   days later / memory / pleasant nightmare / soul / remains / to enjoy / uninhibited / full of

Ejercicios _____

A.   Complete the following sentences with the appropriate word from the list at the right.

1. Cada país _____ homenaje a sus héroes nacionales.
2. Los _____ son escenas de los últimos momentos de la vida de Cristo.
3. En Nochebuena el delicioso _____ es prácticamente infaltable.
4. En la fiesta de San Fermín, Pamplona presencia una _____ de música y de gente.
5. El pueblo hispano sabe _____ de la vida.
6. Un sólo _____ señala la salida de los toros.
7. Al santo patrón se encomienda el éxito de la _____ .

bota
cohete
vorágine
cuernos
cosecha
turrón
disfrutar
pasos
rinde
vallas

8. Los muchachos al ver los _____ del
   primer toro empiezan a correr.
9. El vino pasa incesantemente de la
   _____ a la garganta.
10. Los que se levantan muy temprano pueden
    ver el encierro a través de las _____.

B.   Match each word with its opposite.

_____ 1. despreocupado   a. manso
_____ 2. salvaje   b. alejarse
_____ 3. aproximarse   c. temeroso
_____ 4. descanso   d. tranquilo
_____ 5. ansioso   e. actividad

C.   Complete the following sentences with the appropriate phrase.

1. Algunas fiestas hispanas se celebran en honor de
   a. la admiración y asombro de los turistas.
   b. acontecimientos históricos.
   c. desfiles y fuegos artificiales.
2. El día de la independencia de México es el
   a. 4 de julio.
   b. 15 de agosto.
   c. 16 de septiembre.
3. Durante las fiestas religiosas la gente conmemora
   a. el día de su independencia y sus héroes nacionales.
   b. hombres vestidos de romanos antiguos o de penitentes.
   c. un acontecimiento importante de la vida de un santo, de la
      Virgen o de Jesucristo.
4. Para recordar el significado de la pasión y muerte de Jesús durante la Semana Santa hay
   a. procesiones de los « pasos ».
   b. intercambio de regalos.
   c. un lechoncito asado o algún otro plato especial.
5. En los países hispanos los niños generalmente reciben juguetes
   el día de
   a. Navidad.
   b. los Reyes.
   c. la Inmaculada Concepción.
6. Las fiestas que corresponden al día del santo(a) patrón(a)
   a. son una combinación del más sincero fervor religioso y de
      paganismo.
   b. ejemplifican el valor y el papel importante que tiene la madre
      en la cultura hispana.

    c. son de descanso y generalmente la gente se queda en casa o visita amigos íntimos.

7. Una de las fiestas españolas más celebres, inmortalizada por Ernesto Hemingway es la de
   a. Nuestra Señora de la Asunción.
   b. San Fermín.
   c. Nochebuena.

8. En el evento del encierro los jóvenes
   a. van a la iglesia por la mañana y a la pelea de gallos por la tarde.
   b. corren delante de los toros.
   c. ponen sus zapatos en la ventana.

9. Rara vez algún muchacho
   a. se desvía hacia la valla salvadora.
   b. cae empujado por los otros muchachos.
   c. muere de una cornada.

10. A muchas muchachas
    a. se les permite correr en el encierro.
    b. no les interesa esta aparente muestra de machismo.
    c. la cornada les deja una marca toda la vida.

D. Write a complete sentence with the following phrases.

1. ＿＿＿＿＿＿＿, por pequeño(a) que sea, ＿＿＿＿＿＿.
2. Mientras tanto, ＿＿＿＿＿＿＿＿＿＿＿.
3. Año tras año ＿＿＿＿＿＿＿＿＿＿＿.
4. ＿＿＿＿＿＿ se celebra en honor de ＿＿＿＿＿＿.
5. En ＿＿＿＿＿＿ el día de Navidad es costumbre ＿＿＿＿＿＿＿＿＿＿.

CAPÍTULO 10

Nuevas tendencias

En este libro hemos hecho referencia a ciertos cambios y posibilidades de cambio que están ocurriendo en el mundo hispánico. Por ejemplo, hay un progresivo desarrollo industrial, con nuevos métodos e ideas, que resulta en una doble serie de transformaciones: económicas y culturales. En un capítulo anterior hemos observado que la presencia de una nueva clase media en las grandes ciudades se debe, en parte, a los mejores *sueldos* de los obreros indus- salaries
triales en los últimos años. Por otra parte, este desarrollo económico de los grandes centros urbanos atrae diariamente a los *campesinos* que abandonan farmers
el *campo* en busca de oportunidades de empleo. La countryside
tierra fértil *queda sin cultivar* y las ciudades *se aba-* remains uncultivated
rrotan de villas miserias. La necesidad de estimular la are packed with
shacktowns
economía rural, que ofrece al campesino sólo un tercio del *ingreso* del habitante de la ciudad, es evidente. income
Recientemente se empiezan a hacer algunos esfuerzos por mantener al campesino en las *fincas.* farms

En un capítulo anterior también notamos la condición del indio hispanoamericano. Hoy día, el indio *corre el peligro* de ser asimilado totalmente al *mudarse* is in danger / moving
a la ciudad o al ser *desplazado* de sus tierras en la displaced
selva por los que intentan desarrollar esa zona. Algunos gobiernos, sin embargo, empiezan a hacer esfuerzos por preservar la lengua y las artes indias, y los indios « europeizados », por su parte, contribuyen sus valores autóctonos a la cultura predominantemente europea de las ciudades.

En Hispanoamérica, la Iglesia católica experimenta actualmente grandes cambios. Es corriente que muchos sacerdotes piensen que no pueden *sal-* *var almas sin antes ocuparse del bienestar físico de los* *feligreses.* Por lo tanto, luchan por la justicia social y por los derechos humanos de los ciudadanos. Algunos han llegado al extremo de *convertirse* en guerrilleros y líderes revolucionarios; otros ocupan cargos en el gobierno de su país. La actitud de esta nueva Iglesia es, pues, muy diferente a la de la Iglesia tradicional, preocupada exclusivamente con el bienestar espiritual de la gente, y en muchos casos *aliada* con la obliguarquía *reinante.*

save soul wihout taking care first of the physical well-being of the parishioners

becoming

allied / reigning, prevailing

Otra tendencia actual en los países hispanoamericanos es el reconocimiento de un pasado cultural y un destino común, y también de la interdependencia entre estos países. Así, varios países han expresado la necesidad de preservar conjuntamente *patrimonios* históricos de orígenes comunes, por ejemplo, las artes y los monumentos incas o mayas. Estas naciones también se dan cuenta de que *en con-* *junto,* como productores de *materias primas,* pueden tener gran influencia y fuerza.

patrimonies, heritages

jointly
raw materials

Estos esfuerzos conjuntos serán difíciles, sin duda, debido al marcado nacionalismo de los países hispanos que en el pasado ha contribuido a mantenerlos aislados y a veces en guerra por algún territorio *re-* *clamado* por dos o más naciones.

claimed

La mayor esperanza de lograr estas reformas sociales, económicas y políticas *se halla* en la nueva juventud hispánica. Hay muchas *tareas* por realizar y algunas son muy *desafiantes.* La abolición de la pobreza, de la desnutrición y de la mortalidad infantil es uno de los objetivos principales para las futuras generaciones. La preparación de aquellos que aun no han tenido la educación pública *a su alcance* es otra *meta* importante. Hay que establecer igualdad de *derechos* entre las razas, los sexos y las clases sociales. Y no sólo el pueblo en general sino también aquellos en posiciones privilegiadas deben apoyar *en lo po-* *sible* todo programa para lograr estas metas.

is found
tasks
challenging

within their grasp
goal
rights

as much as posible

Ejercicios

A. Complete the following sentences with the appropriate phrase.

   1. La presencia de una nueva clase media hispana en las grandes ciudades se debe, en parte, a

   a. que las ciudades se abarrotan de villas miserias.

   b. los campesinos que abandonan el campo.

   c. los mejores sueldos de los obreros en los últimos años.

2. Hay que estimular la economía rural para

   a. mantener al campesino en las fincas.

   b. que el campesino tenga un tercio del ingreso del habitante de la ciudad.

   c. que la tierra fértil quede sin cultivar.

3. Hoy día el indio corre el peligro de

   a. desarrollar las selvas.

   b. preservar la lengua y las artes indias.

   c. ser asimilado totalmente.

4. Actualmente muchos sacerdotes piensan que

   a. contribuyen sus valores autóctonos a la cultura predominantemente europea de las ciudades.

   b. deben aliarse a la oligarquía reinante.

   c. no pueden salvar almas sin antes ocuparse del bienestar físico de los feligreses.

5. Algunos sacerdotes han llegado a convertirse en

   a. guerrilleros y líderes revolucionarios.

   b. productores de materias primas.

   c. indios « europeizados ».

6. Muchos países hispanoamericanos reconocen que

   a. son desplazados de sus tierras en las selvas.

   b. tienen un pasado y un destino cultural común.

   c. deben preocuparse exclusivamente por el bienestar espiritual de la gente.

7. Los esfuerzos conjuntos de los países hispanos serán difíciles debido a

   a. la necesidad de preservar los patrimonios históricos de orígenes comunes.

   b. el marcado nacionalismo que ha contribuido a mantenerlos aislados.

   c. la influencia y la fuerza que pueden tener en conjunto.

8. La mayor esperanza de lograr reformas sociales, económicas y políticas se halla en

   a. la Iglesia tradicional.

   b. los incas y los mayas.

   c. la nueva juventud hispánica.

9. Uno de los objetivos principales para las futuras generaciones es

   a. la abolición de la pobreza, de la desnutrición y de la mortalidad infantil.

   b. la guerra por algún territorio reclamado por dos o más países.

   c. el desplazamiento diario de los campesinos a la ciudad.

10. Además del pueblo, también deben apoyar estas metas
    a. aquellos en posiciones privilegiadas.
    b. aquellos que no han tenido la educación pública a su alcance.
    c. sólo el pueblo.

B. Match each word with its opposite.

    _____ 1. pasado   a. ciudad
    _____ 2. campo   b. interdependiente
    _____ 3. mudarse   c. futuro
    _____ 4. físico   d. espiritual
    _____ 5. aislado   e. quedarse

C. Answer the following questions in Spanish.

1. En los Estados Unidos, ¿es necesario hacer esfuerzos para mantener al campesino en las fincas?
2. Compare la condición del indio norteamericano con la del que vive en los países hispanos.
3. ¿Qué opina Ud. de las actividades revolucionarias de algunos sacerdotes hispanos?
4. ¿Cree Ud. que hay interdependencia entre los países hispanos y los Estados Unidos?
5. ¿Cuál cree Ud. que debe ser la meta más importante de los países hispanos?

D. Write a complete sentence with the following phrases.

1. No pueden _____ sin antes _____.
2. _____ queda sin _____.
3. _____ corre el peligro de _____.
4. _____ se halla en _____.
5. En conjunto, _____.

VOCABULARIO

A

a to, at; **a pesar de** in spite of; **a la vez** at the same time; **a partir de** starting, right after; **a través de** through

abajo down, below; underneath

abiertamente openly

el **abismo** abyss; gap

la **abnegación** self-denial

el **abogado** lawyer

abogar to advocate

abolengo lineage

abrir to open; **abrirse** to open; to crack

el **abuso** abuse

abyecta servile

acabar to finish, end; **acabarse** to run out of, to be finished; **de** + *inf* to have just

el **acceso** access

aceptar to accept

la **acera** sidewalk

acoger to welcome

el **acontecimiento** event

acostarse to go to bed, to lie down

la **actitud** attitude, position; posture

la **actividad** activity

el **acuerdo** agreement, accord; **ponerse de acuerdo** to come to an agreement

actuar to act

la **aculturación** acculturation; to become part of

adelantar to advance; **adelantarse** to come forward

adelante forward, ahead

además moreover, besides, furthermore; **además de** aside from

admirar to admire

la **adquisición** acquisition

61

la **afinidad** affinity, relationship; kinship

afortunado fortunate, happy

agasajar to treat kindly; to honor

ágil agile, ready, fast

agitar to agitate, to stir, shake

agradable agreeable, pleasant

aguantar to endure, to bear, to tolerate; **aguantarse** to forbear

ahora now; **ahora mismo** right now

el **ahorro** saving

al contraction of **a** and **el** of the; **al** + inf upon; **al cabo del día** at the end of the day

alcanzar to obtain, to acquire, to attain, to reach, accomplish

la **alegría** joy, happiness

alejar to remove to a distance; to put off; **alejarse** to go away, to draw away

alemán adj and n German

alentar to encourage

algo something, anything; adv rather, somewhat

alguien someone, somebody

algún, alguno any, some, someone

el **aliado** ally, allied

la **alianza** alliance

alimenticia nutritious

el **alimento** nourishment

el **alma** soul

el **almacén** store

alrededor around; **alrededor de** about, around

alrededores environment; outskirts

alto high, elevated

allá adv there; **más allá** beyond

el **amante** lover

la **ambición** ambition

ambos both

el **amigo** friend

la **amistad** friendship

amoldar to mold

amontonar to heap, to pile up

el **amor** love, devotion

el **analfabetismo** illiteracy

analizar to analyze

anciano old

anglosajón adj and n Anglosaxon

anhelante anxiously; in longing

el **anillo** ring

el **ánimo** spirit, courage, mind

el **antepasado** ancestor

anterior preceding, previous

antes before, earlier; **antes (de) que** before

antiguo old, ancient; former

el **antropólogo** anthropologist

anual annual

anunciar to announce

el **anuncio** commercial

añadir to add

aparecer to appear, seem

aparente apparent, not real

la **apariencia** appearance

apartar to separate, to withdraw, to remove

el **aparato** apparatus, appliance

la **apatía** apathy

el **apego** attachment

apoyar to rest or support (on); **apoyarse (en)** to lean on; **apoyarse** to be supported

el **apoyo** support

aportar to contribute, to bring

apreciar to appreciate

aprender to learn

aproximarse to approach, to move near

aquella that

el **árbol** tree

árida arid, dry, barren

la **armonía** harmony

arraigar to root, to take root

arraigados rooted

los **arreglos** arrangements

arriba above, up, upstairs; **los de arriba** coll the elite (upper class)

la **arrogancia** arrogance

la **artesanía** crafts

el **artículo** article

ascender to climb; **ascender a** to amount to

asegurarse to make oneself sure

así so, thus, in this manner, in that way; like that

el **asiento** seat

asociarse to associate

asomarse to appear; to show; **asomarse a** to look out of; to lean out of

el **asombro** amazement, astonishment
el **asunto** affair, matter, business, issue
la **atadura** tie, bind
atender to serve
aterrorizar to frighten
atractivo attractive
atraer to attract, to draw to something, to allure
atrás behind, back; backward
atreverse to dare
el **atributo** characteristic
aumentar to increase
el **aumento** increase
aun still, even; **aún** yet, still; **aun cuando** even if
aunque *conj* although, though
la **ausencia** absence
el **automóvil** automobile
la **avenida** avenue
averiguar to inquire
el **avión** airplane
la **ayuda** assistance, help
ayudar to help
el **azar** chance
azul blue

B

el **baile** dance
bajar to descend, go down, to bring down; to lower
bajo low
el **balcón** balcony
el **banco** bench, bank
barato cheap, inexpensive
bastante enough
bastar to be enough
el **bautizo** christening
la **bebida** drink
la **belleza** beauty
besar to kiss
el **bigote** mustache
blanco white, fair
la **boca** mouth
la **boda** marriage; wedding
la **bolsa** purse, bag
bondadoso generous, good

boricuas Puerto Ricans
la **bota** small leather winebag
el **brazo** arm
brillar to shine, to sparkle
la **brisa** breeze
Bruselas Brussels
el **bullicio** bustle, stir, noise
burocrático bureaucratic
buscar to look for, search, to seek; to call for (a person); to get

C

caballeroso gentlemanly
la **cabeza** head
cada each, every; **cada cual** each one
caer to fall
el **calcetín** sock
calculador calculator
el **calendario** calendar
calificar to qualify
callar(se) to keep silent; to stop talking
la **calle** street
el **cambio** change; **a cambio de** in exchange
caminar to walk, to advance, move along
la **camisa** shirt
el **campesino** countryman, farmer
el **campo** field, countryside
el **candado** lock
el **cansancio** weariness, fatigue
cantar to sing
la **cantidad** quantity
el **canto** song
capaz capable
copiar to copy
el **capítulo** chapter
la **cara** face
el **carácter** character
carecer to be in need, to lack
carente lacking
el **cargo** position, duty
la **carrera** race
la **carta** letter
el **cartón** cardboard
la **casa** home, house

casar to marry; **casarse** to marry, get married
casi almost
el **caso** case, occurrence
las **castas** persons of mixed blood
castellana Castilian, Spanish (language)
la **casualidad** circumstantial
la **casucha** miserable hut
católica Catholic
el **caudillo** chieftain, leader
cautivar to captivate, to charm
ceder to yield, to give in; to give away
celebrarse to celebrate
célebre famous
celoso jealous
el **censo** census
cerca near, close
cercano close by, next to, adjoining
cerrar to close, to shut
cesar to cease
ciento one hundred; **por ciento** percentage
cierta certain
la **cifra** number
el **cinismo** cynicism
citar to cite, quote
la **ciudad** city
claro clear
el **cohete** firecracker
la **cola** tail; **en cola** in line
el **colonizador** colonist
comentar to comment
la **comida** food
el **comité** committee
como as; **cómo** how?
el **compadraje** companionship
el **compadre** pal, buddy
el **compañero** companion
compartir to share, to divide
complacer to please
complejo complex
comprar to buy
comprender to understand
común common
comunal common
conceder to concede, to agree
el **concepto** concept
el **conciudadano** fellow citizen

condescender to condescend
condescendiente complacent
conducir to convey
la **conducta** conduct, behavior
la **confianza** confidence
confiar to confide, to trust
confundirse to get confused, to become mixed
la **confusión** confusion
el **conjunto** unit, party, ensemble
conmemorar to commemorate
conocer to know
el **conocimiento** knowledge
la **consecuencia** consequence
conseguir to acquire, to get
el **consejo** advice
la **cosecha** crop, harvest
constituir to constitute
la **consumición** an invitation to drink
consumir to consume, to finish
contar to tell, to count
continuamente continually
la **continuidad** continuity
contra against
contrario contrary; **al contrario** on the contrary
contribuir to contribute
controlar to control
convencer to convince
la **conveniencia** convenience
convertirse to convert (oneself), to become
la **corbata** tie
la **cornada** thrust with a bull's horn
la **corona** crown
correr to run
corresponder to correspond
la **corrida** race
corriente current, average, common
corto short
la **cosecha** harvest
costar to cost
la **costumbre** custom, habit
cotidiana daily
el **cráneo** skull
crear to create, to make
crecer to grow
la **creencia** to believe, to think
la **criada** servant

criar to raise, rear; **se crió** he grew up
cruzar to cross
la **cuadra** block (of street)
cuál which one? what?
la **cualidad** quality
cualquiera *pron* anyone; whoever; **cualquier** *adj* any; **a cualquiera** whoever
cuando when
cuanto *rel adj. and pron* all the, as much as, all that
cubano *adj and n* Cuban
la **cuenta** account
cuente command of contar
el **cuerno** horn
culpar to blame
la **cumbre** top
cumplir to execute, to accomplish, to fulfill
el **cuñado** brother-in-law
curar to cure, to heal
curioso curious
el **curso** course, class
cuyo of which, of whom, whose

CH

el **chiste** joke

D

dar to give
darse cuenta de to realize
de of, from, by, to; **de antemano** beforehand; **de repente** suddenly; **de todos modos** anyway
dé command of dar
debajo below
deber to owe, ought to
la **debilidad** weakness
decente decent
dedicarse to dedicate oneself
dejar to leave, to let
delante de in front of
delicioso delicious

la **demanda** demand
demasiado excessive, too much
demorarse to delay
demostrar to demonstrate, to prove
denunciar to denounce
el **derecho** right
derivar to derive, to come from
desafiar to challenge, dare
el **desafío** challenge
desagradable disagreeable, unpleasant
el **desagrado** harshness, displeasure
desaparecer to disappear
el **desarrollo** development
descansar to rest
el **descanso** rest
desconocer to ignore, not to know
el **descubrimiento** discovery
descubrir to discover
desde *prep* from, since
desear to want, desire
el **desempleo** unemployment
el **deseo** desire
el **desfile** parade
la **desgracia** misfortune
la **deshonra** dishonor
el **designio** design
deslumbrador dazzling, brilliant
despojado deprived
despreciar to desdain
despreocupado uninhibited
después after, afterwards
destacar to make known; **destacado** well known
el **destino** destiny
destrozar to destroy
desviar to divert from right away, to lead off
el **detalle** detail
detenerse to stop
detestar to hate, detest
detrás behind
diariamente daily
dichas said
digno worthy, deserving
la **diligencia** errand
dinámico dynamic
el **dinero** money
dirigir to direct; **dirigirse** to go towards

el **dirigente** leader
discretas discreet
el **discurso** discourse, speech
discutir to discuss
disfrutar to enjoy
dispararse to shoot, to let off
la **disposición** disposition
distinta distinct, different
la **diversidad** variety
la **diversión** diversion, sport
el **dolor** pain
dondequiera anywhere
el **dramaturgo** playwright
la **duda** doubt
duradero lasting
durante during
durar to last
duro hard

E

la **edad** age
edificar to build
educar to educate
efectuar to effect
la **eficacia** efficacy
egoísta selfish
elegir to choose, to elect
emanar to proceed from
emancipada emancipated
embriagar to intoxicate
emerger to emerge, to come to the surface
emotividad emotions
el **empleado** employee
el **empleo** job
la **empresa** business
el **empresario** manager
empujar to push
el **empuje** push
en in, into; on; at; during; **en cambio** on the other hand; **en el fondo** in the final analysis; **en lugar de** instead of
enamorar to woo
encabezar to lead
encaminarse to guide (oneself), to direct (oneself), to go towards
encargado supervisor, foreman

el **encierro** the running of the bulls
encima de over, on top of
encoger to draw together; **encogidos** drawn together
encomendar to recommend, to entrust
encontrar to find, to meet; **encontrarse** to find oneself
el **enemigo** enemy
la **enfermedad** illness
el **enfermo** sick
enero January
enfrentarse to face
engañar to deceive
ennoblecimiento ennoblement, to make noble
ensayista essayist
enseguida right away
la **enseñanza** teaching
enseñar to teach, to show
el **ente** entity, being
entender to understand
el **entendimiento** understanding
enterar to inform
entrar to enter; **entrar en contacto** to deal with
la **entrada** entrance
entre between, among
la **entrega** delivery
entregar to deliver
entremeterse to put one thing between others, butt in
entretejer to intertwine
entretenida entertaining, pleasant
entrevistarse con to get an interview with
el **entusiasmo** enthusiasm
enviar to send
el **equipo** equipment, team
equitativa just, honorable
la **escala** scale
escapar to escape
la **escena** scene
la **esclavitud** slavery
esconder to hide
el **escritor** writer
escuchar to hear, listen
la **escuela** school
esforzarse to exert oneself, to try hard
el **esfuerzo** effort, strong endeavor

el **espacio** space
el **espectáculo** show
esperar to wait for, to expect
la **esperanza** hope
esplendorosamente splendidly
espontánea spontaneous
la **esquina** corner
establecer to establish
la **estación** station
la **estadística** statistics
el **estado** state
el **estampido** explosion
estar to be (location); **no estar**
  dispuesto not to be ready
estar dispuesto to be willing
estático static
el **estilo** style
estimar to estimate, to value
el **estoicismo** stoicism
la **estratificación** stratification
estrechar to shake
estridente strident, shrill
el **estudiante** student
estudiar to study
la **etapa** stage
étnicas ethnic
evitar to avoid
exasperar to exasperate
la **exigencia** exigence, demand
exigir to require, to demand
existir to exist, to be
el **éxito** success, termination, end
explicar to explain
explotar to exploit
exponer to expose
exportar to export
el **extranjero** stranger, foreigner
extender to stretch, to expand
extrañar to wonder at, to miss;
  -se to be astonished
extraño foreign, strange
el **extremo** extreme

F

la **fábrica** factory
la **faceta** facet, aspect
fácil easy
falso wrong, false
faltar to lack

familiares relatives
falto lacking
la **fantasía** fantasy
fastidiosa fastidious, annoying
febrero February
la **fecha** date
la **felicidad** happiness
el **ferrocarril** train
fértil fertile
el **fervor** fervour, warmth
el **festejo** feast
la **festividad** festivity
fieles faithful
la **fiesta** feast, festivity
la **figura** figure
fijar to fix
la **finca** farm
la **flor** flower
fomentar to foment, to patronize
el **forastero** stranger
formar form
la **fortaleza** fortress
el **fracaso** failure
el **frío** cold
fuera outside
fuerte strong
la **fuerza** strength, force
el **funcionario** public official

G

el **gabinete** cabinet
el **gallo** rooster
el **ganado** cattle
gastar to spend
la **garganta** throat
la **generosidad** generosity
la **gente** people
la **gestión** transaction
el **gesto** gesture
girar to turn around, to hurdle
gobernar to govern
el **gobierno** government
el **golpe** blow
gracias thanks
el **grado** degree, grade
el **grupo** group
guiar to guide
gustar to like, to please
el **gusto** taste

H

haber   there to be
la **habilidad**   ability
habitantes   inhabitants
habitar   to inhabit
hablar   to talk, to speak
hacer   to make, to do
hacia   towards
halagador   flattering
hallar   to find
hasta ahora   until now
hay   there is, there are
hechos   made, done
la **herencia**   heritage, inheritance
hermanar   to harmonize, to make
   two people brothers or sisters (in a
   spiritual way)
el **héroe**   hero
el **hijo**   son
el **hilo**   thread
hispanos *adj and n*   Spanish, related
   to the Hispanic world
hispanoparlante   Spanish speaking
historiadores   historians
el **hogar**   home
la **hojalata**   tin can
el **hombre**   man
la **hombría**   manliness
el **hombro**   shoulder
honrado   honored
honrosa   honorable
la **hora**   hour
el **horario**   schedule
hoy día   nowaday
la **huella**   track
humilde   humble
huracanada   of hurricane strength or
   quality; powerful

I

identificar   to identify
ideológico   idealogical
la **iglesia**   church
la **ignorancia**   ignorance
ignorar   to ignore
la **igualdad**   equality

iguales   the same, equal
igualmente   equally
ilustrar   to illustrate, to show
la **imagen**   image
imaginarse   to imagine
impedir   to impede, to hinder, to
   prevent
imponer   to put upon, to impose
importar   to import, to matter; **no
   importa**   it doesn't matter
imprescindibles   necessary
indispensable   necessary
inaugurar   to inaugurate
incitar   to incite, to challenge
incluso   even
incompatible   incompatible
inconcebible   inconceivable
el **incremento**   increase
inculcar   to inculcate, to instill, to
   enforce
indecoroso   indecent
indicar   to indicate
el **índice**   index
indígena   native
indio *adj and n*   Indian
indocumentado   undocumented
inesperado   unexpected
inexplicable   unexplainable
infaltable   never missing
influir   to influence
la **ingeniería**   engineering
inglés *adj and n*   English
la **inflación**   inflation
el **ingreso**   income
iniciar   to initiate
inmemorables   immemorable
inmortalizar   to immortalize
inmutable   unalterable
innato   innate; born with
la **innovación**   innovation
inofensiva   inoffensive
inquebrantable   unbreakable,
   unyielding
inquietos   restless
la **inquietud**   inquietude,
   restlessness, uneasiness
inquisidora   inquisitive
inscrito   registered; engraved
insolente   insolent, fresh
íntegra   entire, complete; honest

el **intermediario** middleman
intentar to try, attempt
intercambiarse to interchange
interesar to interest, to concern
inútil useless
invasores invaders
la **inversión** inversion
ir to go
irrealizable unrealizable
izquierda left

J

la **jerarquía** hierarchy
Jesucristo Jesus Christ
joven young
el **juego** game
la **juerga** revelry
el **juguete** toy
julio July
junio June
la **junta** congress, assembly
junto near, next to
juntos united
el **jurado** jury

L

el **labio** lip
la **labor** task; job, work
laboral relative to work
el **lado** side
lanzar to throw
latifundista related to the
ownership of large estates
el **lazo** tie, bond
la **lealtad** loyalty
la **lección** lesson
la **lechuga** lettuce
leer to read
lejano distant
lejos far
lento slow
lentamente slowly
la **letra** letter (a character of the
alphabet)

leve light
la **ley** law
libre free
el **libro** book
la **licencia** license, permit
limítrofe surrounding
la **lista** list
la **localidad** locality
loco crazy
lograr gain, obtain
luchar to fight
la **lucha** struggle, fight
luego then
el **lugar** place
lugareñas belonging to a village
el **lujo** luxury
lujoso luxurious

L

llamar to call, to name; **llamar la
atención** to call to one's attention
lleno de full of
llegar to arrive
llevar to take, to carry, to wear

M

el **machismo** male attitude of self-
imposed superiority and strength
la **madrugada** early morning
madrugar to rise early
el **mal** harm; *adj (used only before
masculine names)* bad
mañana tomorrow
manejar to drive
mansa tame
mantener to maintain, to support
marcar to mark
marcadamente notably
el **marianismo** female attitude of
self-imposed suffering and
submission in married life
el **marido** husband
marzo March
la **máscara** mask

la **masa** mass
matarse to kill (oneself)
las **materias primas** raw materials
el **matrimonio** marriage, matrimony
mayo May
mayor greater, older
la **mayoría** majority
el **mecanismo** mechanism
el **médico** doctor
media middle; half
medio environment
los **medios** means
mejor better
el **mejoramiento** improvement
mejorar to improve
mencionar to mention;
 mencionadas mentioned
menos less
el **mensaje** message
la **mentalidad** mentality
la **mente** mind
la **mentira** lie
merecer to merit, to deserve
la **mesa** table
el **mestizaje** crossing of races
mestizo crossbreed between a white
 person and an Indian person
la **meta** goal
meter to place, put in
metodología methodological
el **método** method
el **metro** meter
mexicano *adj and n* Mexican
la **mezcla** mixture
mezclar to mix; mingle
el **miedo** fear
miembros members
mientras in the meantime; **mientras
 tanto** meanwhile
millares thousands
mimar to spoil, pamper
la **minoría** minority, a small number
la **mirada** glance
mirar to look, watch, observe
la **misa** mass (church), the service of
 the Roman Church
mismo same; **misma** same
el **modo** mode, manner
la **moneda** coin
monetarias monetary

la **montaña** mountain
morir to die
el **mostrador** counter
mostrarse to show
mover to move; **movido** moved
el **muchacho** boy
la **muchedumbre** multitude
mudarse to move
la **muerte** death
mugidos bellowing of a bull
la **mujer** woman
multiplicarse to increase, to
 multiply
el **mundo** world
mutuamente mutually
mutuo mutual

N

nacer to be born
el **nacimiento** birth
nada nothing
nadie nobody
natal native, natal
la **naturaleza** nature
la **Navidad** Christmas
la **necesidad** necessity
necesitar to need
negar to deny
negarse to refuse oneself
negativamente negatively
el **negocio** business
negro black
nervios nerves
el **nerviosismo** nervousness
ni nor; **ni aun cuando** not even
 when; **ni mucho menos** not at all;
 ni por asomo not in the least
el **niño** child
el **nivel** level
la **noche** night
el **nombre** name
notar to realize
notable distinguished, prominent
la **novia** sweetheart, fiancé, bride
el **novio** a man betrothed to a
 woman
nuevo new

O

la **obra** work
obligar to obligate, to compel
el **obrero** worker
obstante withstanding; **no obstante** nevertheless
obvia obvious
ocasionar to cause
ociosos leisures, freedom from business
ocultar to hide
ocurrir to happen
el **odio** hate, dislike
el **oeste** West
ofender to offend, insult
la **oficina** office
ofrecer to offer
oír to hear
el **ojillo** little eye
la **oliva** olive
el **olor** odor
olvidar to forget
oponer to oppose
oprimir to oppress, to press, to push
el **orgullo** pride
el **origen** origen
la **oscuridad** darkness
oscuro dark
otros others

P

pacientemente patiently
padecer to suffer
el **padre** priest, father
el **padrino** godfather
el **pagador** payer
la **página** page
el **pago** payment
el **país** country
la **palabra** word
palpitar to palpitate
el **pan** brad
el **pañuelo** handkerchief

el **papel** role; paper
paradójico paradoxical
parecer to seem, appear; to look like
la **pared** wall
el **partido** party (political)
el **pasado** past
el **pasajero** passenger
el **pasaporte** passport
pasar to pass
el **paso** step
la **patente** patent
la **patria** country
el **patrimonio** patrimony
el **patrón** patron
el **patrono** boss
paulatinamente slowly
el **pecho** chest
pedir to ask, to ask for
la **pelea** fight, battle
pelear to fight, struggle
la **película** film, movie
el **peligro** danger
peligroso dangerous
la **pena** sorrow, grief
penitentes penitents
penoso painful
pensar to think
el **peón** worker (migrant)
peor worse
pequeño small
perder to lose
la **pérdida** loss
perdonar to forgive, to pardon
perdurable everlasting
perdurar to last long, endure
la **pereza** laziness
perezoso lazy
el **periódico** newspaper
el **perjurio** harm
permitir to permit, allow
persuadir to persuade
pertenecer to belong to
pertenecientes belonging
la **pesadilla** nightmare
el **pie** foot
la **piedad** piety, compassion
la **piel** skin
la **pierna** leg
pintar to paint
el **plato** plate, dish

la **plazuela** small square, plaza or park
la **pluma** pen
pobre poor
poco little, few, small
el **poder** power
poder (v) to be able, can, may
poderoso powerful
el **polvo** dust, powder
por by, through, for; **por ciento** percentage; **por desgracia** unfortunately; **por ejemplo** for example; **por ello** for this reason; **por eso** therefore, for that reason; **por favor** please; **por fin** finally, in short; **por lo menos** at least; **por lo tanto** therefore; **por medio de** by means of; **por otra parte** on the other hand; **por suerte** fortunately; **por supuesto** of course; **por un momento** for one minute
por que so that
por qué why, reason
porque because
poseer to possess, to have
preconcebir preconceive
predominante predominant
preguntar to ask
prendas garment
preocuparse to preoccupy
presenciar to be present, to witness
el **préstamo** loan
prestar to loan
el **presupuesto** budget
prevalecer to prevail
el **primero** first
el **primo** cousin
el **principio** beginning; principle
el **privilegio** privilege
probar to try, to taste
la **procedencia** derivation, origin
procedentes set out; proceeding from
proceder to proceed, go on
la **procesión** procession
procurar to attempt
el **producto** product
profundizar to dig deep
profundo deep

promulgar to promulgate, to proclaim
la **prontitud** promptness, dispatch
pronto soon
pronunciar to pronounce, to utter, articulate
propagar to promote
el **propietario** proprietor, owner
propio one's own, belonging to anyone
proponer to propose
proporcionar to proportion, to supply
el **propósito** purpose
el **provecho** benefit
el **próximo** nearest, neighbor, next to
la **prueba** test
psiquiatra psychiatrist
pudiente well-to-do
el **pueblo** town
la **puerta** door
puertorriqueños adj and n Puerto Ricans
el **puesto** position
el **punto** point
la **puntualidad** punctuality
pura pure

Q

quedar to remain, to be left
el **quehacer** chore
la **queja** complaint
quien who
quitar to take away, remove
quizá perhaps; **quizás** perhaps

R

la **raíz** root, base, foundation
rajarse to split, to open up
ranchera ranch (pertaining to)
rápido fast
raro rare, strange
el **rasgo** characteristic, trait
rayar to draw lines, to scratch
la **razón** reason

rebelarse to rebel
reaccionar to react
reacio obstinate, stubborn
reafirmar to reaffirm
la **realidad** reality
reclinar to recline
recibir to receive
reclamar to claim
recoger to gather, to collect
la **recompensa** reward
reconocer to examine closely, to
  recognize
recordar to remind, to recollect,
  remember
recorrer to travel
recurrir to resort
el **recurso** resource
rechazar to reject
la **red** net, snare
el **reflejo** reflex
el **regalo** present, gift
la **regla** rule
regresar to return
la **reina** queen
reinante reigning
reír to laugh
relajar to relax
relatar to relate, to narrate
relieve relief
relucientes relucent, shining
rellenar to refill, to fill in, to stuff
el **remedio** remedy
remoto remote
renegar to deny, to detest
repetirse to repeat
requerir to require
resentido angry, resentful
residir to reside
respetar to respect
el **respeto** respect
la **responsabilidad** responsibility
la **respuesta** answer
el **resto** remainder
resultar to result
reunirse to reunite, to get together
la **revista** magazine
el **rey** king
reyes magos Wise Men
rico rich; **ricachón** *coll* very rich
la **riqueza** wealth

rociar to sprinkle
rojo red
la **ropa** clothing
rozarse to touch
rubio golden
el **ruido** noise
la **ruta** route

S

saber to know, to taste
el **sabor** taste
sacar to take; **sacar provecho** to
  take advantage
el **sacerdote** priest
sacrificar to sacrifice
el **salario** salary
la **salida** departure, exit
salir to leave, to go out
salvadora savior
salvaje savage, wild
salvar to save
saltar to jump
el **santo** saint
seca dry
secundario secondary
seguidores followers
seguir to follow, to pursue
según according to
la **semana** week; **Semana Santa**
  Holy Week
sencillo simple, easy
la **sensibilidad** sensibility
sensible sensitive
sentarse to sit (oneself) down
el **sentido** sense
el **sentimiento** feeling
sentir to feel
señalar to point
el **señor** sir, man
la **señorita** miss, young lady
separar to separate
ser to be; **el ser** *n* being
la **seriedad** seriousness
la **servidumbre** servitude
servir to serve
severa severe
sí indeed, yes
la **sidra** sparkling cider

la **sierra**   mountain
la **siesta**   nap
siguiente   the following
sin   without
sincero   sincere
sin embargo   nevertheless
sino   but
sobre   about, on
sobrepasar   to exceed, go beyond
sobrevivir   to survive
sola   alone
la **solemnidad**   solemnity
soler   to be accustomed
la **solicitud**   solicitude, anxiety
sólida   solid
la **solidaridad**   solidarity
solitario   deserted
solo *adj*   alone, single
sólo *adv*   only
el **sombrero**   hat
someterse   to subject oneself, to
  submit oneself
la **sonrisa**   smile
sorprender   to surprise
la **sorpresa**   surprise
súbditos   subjects
subsiguiente   subsubsequent
la **subsistencia**   subsistance
sudamericano   South American
el **sueldo**   salary
el **suelo**   ground, floor
el **sueño**   dream
la **suerte**   luck
el **suéter**   sweater
el **sufrimiento**   suffering
sugerir   to suggest
la **sugerencia**   suggestion
la **sumisión**   submission
la **supervivencia**   survival
suponer   to suppose
surgir   to sprout, to appear

T

el **tabaco**   tobacco
la **tabla**   board
tachar   to charge with, fault
tal, tales   such
también   also

tampoco   neither
tan   so, so much
tanto   as much; **tanto . . . como**   as
  much . . . as
el **tapiz**   tapestry
tardar   to last, to delay
la **tarde**   afternoon
la **tarea**   task
la **tarjeta**   card
temblorosa   shaky, trembling
el **temor**   fear
temprano   early
la **tenacidad**   tenacity
tener   to have; **tener en cuenta**   to
  take into account
el **término**   term
la **ternura**   tenderness
el **terruño**   a piece of land, one's
  native soil
el **testigo**   witness
el **tiempo**   time, weather
la **tienda**   store, shop
la **tierra**   land
típico   typical
el **tipo**   type, kind
tirarse   to throw oneself
titánico   huge, colossal
el **titubeo**   wavering
tocar   to touch, to arrive in passing
todo   all
todavía   yet, still
tomarse   to take, to drink
tonto   stupid, foolish
el **toponímico**   toponym
torear   to fight in the bull ring
el **torero**   bullfighter
el **toro**   bull
trabajar   to work
la **tradición**   tradition
traer   to bring
la **tragedia**   tragedy
el **trámite**   path, step (in a business)
transmitir   to transmit
transportar   to transport
tras   after
trasladar(se)   to move
tratar   to try
el **tren**   train
la **tribu**   tribe
triste   sad

tropezar to stumble in walking
turista tourist
el **turrón** candy similar to nougat or
almond paste

U

último last
únicamente only
unir to unite; **unirse** to join

V

la **vaca** cow
la **valentía** courage, gallantry,
bravery
valer to be worth
valioso very valuable
el **valor** value, courage
valorizar to appraise, to value
la **valla** barricade
la **vaquilla** a young cow
varias various, several
las **veces** times
la **velocidad** velocity, speed
venir to come
la **ventaja** advantage
ventanillas little windows
la **verdad** true, truth
verdadera true, real
vestir to dress; **vestirse** to dress
oneself

viajar to travel, to fly
el **viaje** trip
la **vida** life
la **virgen** virgin
viejos old
la **villa** town
el **vino** wine
violar rape
la **virilidad** virility, manliness
la **virtud** virtue
la **víspera** eve
la **vista** sight
vívidamente vividly
la **vivienda** apartment, living
quarters
vivir to live
vivo alive
las **voces** voices
la **voluntad** will
volver to return
la **vorágine** whirlpool, vortex

Y

ya que since

Z

la **zona** area